叢書・ウニベルシタス　946

中世の知識と権力

知は力となる

マルティン・キンツィンガー
井本晌二／鈴木麻衣子 訳

法政大学出版局

Martin Kintzinger
WISSEN WIRD MACHT
Bildung im Mittelalter

This boook is published in Japan by arrangement
through The Sakai Agency, Tokyo.

目次

題辞　知は力となる

当時、つまり一五世紀後半の数十年間、物語は実生活と不可分のものであった。物語をする人は、機知に富んでいることによってだけではなく、その話が核心をついていることによって、周囲の人たちを自分の側に引き込んだ。

経験豊かな手工業の親方が仕事に没頭していた時、ある若者が自分の方に近寄ってくるのを見た。何もかもが、彼がすでに広く旅をして来たに違いないことを示している。若者は親方に話しかけ、旅について語る。体験し、知りえたあらゆることを。大学に行き、勉強し、いま戻ってきた由。彼は何を勉強したのだろうか。若者は哀れみと高慢を同時にさりげなく話の中に混ぜる。自由七学芸ですよ。今、彼が手工業者にしてほしいことは何だろうか。もちろん経済的な援助だ。なぜなら旅行の間に金を使い果たしたから。最後に、その学生は、手工業者が学者を尊敬し、彼を助けるのは当然至極のことだと付け加える。おそらく彼はこのやり方で他の人の所ではすでにしばしば成功していた。しかし今回は見当はずれだった。この親方は仕事を中断し、的を射た答えを用意していた。人は自分が学者で自由七学芸に精通していると主張する。しかし、ならばなぜわが身さえ養えず、物乞いまでせねばならないのか。彼自身はこれに対して、手工業者として確かにたった一つの技能しか習得していないが、自分と「七人の子ども」を含めた家族を養っている。

この物語に対して現代の読者にも、たとえば、「手に職があれば食いはぐれはない」、あるいは「学者の芸は飯の種にならない」など、多くのことが無意識に心に浮かぶだろう。しかし、中世後期、この種の話が語られた時、そういう問題ではなかった。こういったことはたくさんあったのであり、口頭で語り継がれただけでなく、シュヴァンク〔笑話〕集に記録され、今日まで伝えられてきたのだ。

この物語の中には二つのメッセージが隠されている。知識とその担い手は、それが社会に有用性をもたらす時にのみ名声や威信を主張できる。――そして、そういう有用性をもった知識は、学術的知識であるか実践的知識であるかに関わらず、広く認められる。いずれにせよ、学識ある高慢というのは、的を射た言い方ではない。

知識に関して人口に膾炙した成句、「知は力なり」も、そういう有用性への期待をこめたものであった。今日のことわざにも残っているが、ふつうそれは、様々な利点をもたらす「情報上のリード」の意味になっている。そもそも実際は、知識の問題だったのだ。一五九七年、フランシス・ベーコンはその言葉で、ある体験を表現していた。スペインとヴェネツィアの艦隊はレパントの海戦で、新式の操縦しやすい船を使用したからこそ、卓越したトルコ海軍を意外にも破った。それは「情報上のリード」をはるかに超えたものであり、ベーコンに感銘を与えたのは、たとえば、技術的な進歩といったものでもなかった。彼を魅了したのは、認識を通して自己を完成させる人の能力だった――その人が自然の諸力を支配するようになるまで。知識はその担い手に自然の法に対する力を与える。知識はその時代の社会における人間のために、様々な自由行動の余地、活動と自己形成のための多くの可能性を生み出す。

つまり決して、力という言葉で支配力が考えられたのではない。逆なのだ。明らかにベーコンは、自分を領主の僕《しもべ》にしないだけの知識の尊厳と自由を弁護した。政治的な力が知識について定めることがで

天文学者，15 世紀，フランドルの写本より．クードレット，『メリュジーヌ物語』．

天文学（右の女性）がプトレマイオス（王の衣装）に天の体系を教えている．グレゴール・ライシュによる木版画．『マルガリータ・フィロソフィカ（百科事典）』，シュトラースブルク，1504 年．

きるのではなく、知識は自然の諸力を支配することにより力を征服する。学術的知識の実践的な利用が社会と支配にとって不可欠となる。その限りにおいて、知識のあるものが権力へと運命づけられている、その人の知識は知恵を意味するから、というのである。

知識の道が知恵へと通じ、この知恵が神の知識であるとは、中世の人々にとっていつも周知のことであった。知識によって自然の諸力を支配したいというベーコンの視点は、近代を指し示している。それに対して、人間の知識は効果に関する様々な可能性について判断を下し、それをもって人間社会の未来を決めるという彼の洞察は、中世的であると同時に近代的である。

序文　教養について

本書は二部構成で、前半は構造的な考察、後半は年代順の記述となっている。歴史に関する本において、このような構成と配列には驚かれるかもしれない。しかしそれは、あえて意図した結果である。年代的な発展の跡を辿るのは、いつも何かしら示唆的なところを持っている。あたかも、これ以外には有り得なかったように見える。そして現代人として人々は容易に、自分自身とその世界を過去の必然的な継続と取る誘惑に負ける。現代的な自己認知においてこの視点は「進歩の頂点」とは同一視され得るが、自己の発展段階を史的生成のせいにする意識とは同一視され得ない。それは一つのものなのだ。

さらに重要なのは別のことである。過去の各時代を、今日の様々な考え方のコーラスの中での各声部と認めることで、現在への挑発として理解し、その現実性を認識しようとする時のみ我々は、その探求の中から、自分たちの時代にとって有益なものを引き出すことができる。そして、知識が話題になっている時にこそ、それは問題にされるべきであろう。「我々は中世史について何を知っているか」という問いに対しては、一連の日付、名前、そして出来事はおそらく間違っていないだろうが、そんなものでは不十分で、おそらくその上、役に立たないだろう。中世の人々にはそのような答えはほとんど浮かび得なかっただろう。何かを知ることとは中世においては常に、それをどこから知るのか、何を知っているか、何を知ってよいか、そして、知らないこと、それを誰から学んだか、それが何に使えるか、を意識化することを意味した。人々は自分が、知恵への洞察に至る、つまり神の完全性への接近に至る、知識の歴史性の中へ組み込まれているのを見た。あまりに高度な要求であろうか。しかしおそらく、我々がそのように見たいにせよ見たくないにせよ、我々の現在にとっての過去である数百年に及ぶヨーロッパ史にとっては少なくとも実りある要求であった。

知識は常に働き、働ける力を意味し、逆の終結も許される。つまり、働きが求められていたら、知識が答えを与えたのだ。この観点は少なくとも我々現代人に知られている。もしくはそれはもう失われたのか。誤解を避けるために、すぐに言っておこう。中世は現代との単純な類似関係にあるのではない。歴史は繰り返さない。しかし一つだけ、明確にしておかねばならない。中世、中世の人々、そして彼らの知識は、第三千年紀への過渡期にいる我々現代人にとって非常にアクチュアルである。なぜなら我々は全く似たような経験に直面して、全く似たような問い、希望、不安を感じ、口にしているからである。答えの模索と関わりあうことは我々にきっかけを与え、中世の人々を我々のより近くにするであろう。しかしその代わり、我々は細心の注意を払って近づかねばならない。そしてそれゆえ、自分たちの時代の問題――それはまた様々な面で今日の問題でもあるのだが――に対する中世の答えがまず最初にある。そうして初めて、それらの答えが個々にどんな順番を持っていたかが、年代順に示されることになろう。つまり、どのようにして知識が力となったか、そして中世の人々がどのようにして教養を形成したかである。

中世の言語習慣には「教養」に対する概念はなかった。教育（eruditio）を仲介し、理想的な場合においてそのように教育された者を教養人として卒業させる授業（instruere, instriuere）は知られていた。知識の水準に応じてそういう教養人は十分に学者であり得た。その博識（eruditio）は賢明さ（prudentia）と関係があり、それを知恵（sapientia）への道へと導いた。それに対して認識あるいは洞察（cognitio）と理性（ratio）なる言葉はむしろ神学的・教義的理解との関連において使用され、授業、教育そして知識仲介に対してはほとんど使われない。

今日、「教養」は公的議論のスローガンになっており、すでに数十年来のことだが、二〇〇一年から二〇〇二年にかけてのピサ〔教育水準に関する世界的試験〕調査以降、特に強まっている。ドイツの学校の生徒が国際的比較において低位のひとつにランクされたことは、至る所で騒ぎを引き起こした。大学では新入生の学習能力不足が不満の対象だったが、彼らには基礎的な一般教養がなく、必要な言語的、及び数学的理解と知識にも欠けているとされたのだ。性急なやり取りが始まった。しかし、よくあることだが、手っ取り早い責任の押し付け合い、問題回避のための様々な策動が、解決の糸口さえ覆い隠してしまっている。もし学校で、データ処理のためにより多くの装置が接続されても、それを整備する職員が欠けているだけでなく、特に、十分に専門的能力があり、広範囲にわたる教養のある教師がいなかったら、何を獲得できるだろうか。そのうえ、教養教育と知識の仲介を情報の流入で代替するという危険にもさらされている。個々の事項内容を根拠づけて様々な関連の中へ秩序立てて組み込み、そこからいくつかの結論を引き出すことができるのが知識であり、この知識によって責任ある対応ができるのが教養である。

「教養」に対して拘束力のある概念は、今日なお存在しない。問題は教養なのか専門教育なのか、両者はいかに関連しているのか、あるいは区別されるべきなのか、どうも決定できていないように思われる。そもそも、職業に関連した迅速な資格教育と、一般教養という基本的な教育の間に、何か決断すべきものが存在し得るのか。一方は他方なしではやっていけない。専門教育を受けた者にも教養は必要だし、教養を身につけた者も専門教育を受けていなくてはならない。社会は両方を同じ程度に必要としているのだ。公的な言い方による「一般教養」の施設として学校の強化が必要である。つまり自分たちの時代の知識と、それとの責任のある処し方を徹底的に教育することが必要である。そうなってこそ学校も、教養教育と専門教育を施し、さらなる職業的な専門教育の準備をさせることができる。

大学においても両者が問題となる。大学での勉学は常に職業的専門教育であり、同時に、さらにそれ以上のもの、つまりアカデミックな教養である。ヴィルヘルム・フォン・フンボルトが一八〇〇年頃、現代の大学の基礎になった、知識の仲介による人間教育というコンセプトの代弁者だったなどと、今時いったい誰が知っているだろうか。保存された伝統と、アクチュアルな社会的必要の間での、学校や大学による知識の仲介を新たに樹立するには、それ以来、多くのことが付け加えられる必要があったし、絶えざる改革が必要不可欠である。その際、こういう知識の仲介は人間間でのみ、つまり教える者と学ぶ者の間でのみ起こり得るのであり、その仲介は人間の包括的な教養教育の責任を担っているのだ、という要求は、一貫して真剣に取り上げられるべきであろう。

本書も大学の授業、つまりミュンヘン大学とミュンスター大学の講義から生まれた。それはヨーロッパ中世における知識の歴史について扱う。そこまで前置きとして述べておこう。いくつかの点は別な風に表現できたであろうし、多くのことを補足もできるだろう。ヨーロッパ以外の、特にキリスト教世界の知識にも大きな影響力のあったアラブやユダヤの文化についても、もっと多くのことが報告されるべきであろう。旅の体験、社会的な知識の範囲内でのその役割についても、もっと問われるべきであろう。

それらはそのエキゾチックな印象によって社会の知識を豊かにしたが、同時にそれを刺激することもまれではなかったのだから。イギリス人騎士の有名な報告と一四世紀、ジャン・ド・マンデヴィルの『世界旅行者』はこういう知識の地平線を証言している。最後に、民衆文化についても語るべきことは多いだろう。それは独自の発展の道を辿り、職人の親方と放浪学生を巡る笑劇の風刺的な知恵にも現れている。知識とは決して自己完結したものではなく、それについて語ることも同じであるとは、中世の、そして現代の、深い思いの一つである。

I

中世の知識と中世における知識

——近代への道

本書の前半は、古代後期から近代初期にかけての文化を生きた人々やその担い手が、自分たちの時代の知識をいかに扱ったかを論じることになる。人々は知識というものをどう理解し、いかにしてそれを獲得し、守り、変えてきたのか。知識はすべての人にとって同じであったのか、あるいは人々は様々な人間集団と様々な使用目的のために多様な知識を区別したのか。知識は学術的な伝統の固定的な統一体として伝えられたのか、それとも時代が必要とする様々な変化に対して開かれていたのか。別の言葉で言えば、現代において気楽に、気軽に見ようとした時のそれのように、知識は中世において静的で教義的なものであったのか。それとも動的なもので、認識と有用性に関連づけられたのか、その点で現代の知識と異なっていなかったのか。

今日、二一世紀の初めの数年で、すでに中世の歴史について、また中世の人々とその文化について多くのことが一般的に知られている。専門家集団を越えてマスメディアは中世世界への魅力的な認識を広めている。誰が今日なお、前の世代の人々が自分たちのいわれのない優越性をでっち上げるために持ち出した「暗黒の中世」なるイメージを信奉しようとするだろうか。誰が今日まだ暴力沙汰、あるいは宗教的狂信者の独裁を安易な「中世におけるように」という言葉で自分達の責任から払い除こうとするだろうか。二〇世紀前半のドイツ史の体験だけでなく、冷戦終結後の東ヨーロッパにおける混乱も、あるいは近東におけるテロや戦争政策も、とうの昔に克服されたと考えられた潜在力も、驚くほど新たによみがえり、現代的な文明及び進歩への確信からその基盤を取り去ってしまったということを、いったい誰が最終的に忘れることができるだろうか。

1 現代の危機、歴史のヴィジョン

胸苦しい感情が心を占め、人々は今日再び脅されていると感じ、世界の未来を心配している。戦後ヨーロッパの国々における内的秩序の安定性は説得力と期待の可能性を失った。新たに危機意識が広がり、このグローバリゼーションの時代の生活を不安にさせている。自分の生活の場での見通しが失われそうになっている。これまでの現代をいつも特徴づけてきた自己確信、技術的進歩によりどんな挑戦も克服できるという冷静な感情は姿を消してしまった。

「現代の」シナリオとは。以前はあらゆることがよりよかったのだが、という欺瞞的な自己納得は、今日の世代にはもう聞かれない。しかし「さらに先へ」のスローガンも使い古された。日常のルーチンの中に言葉や話し合いの欠落が見られる。特に、政治的責任があり、緊急に、他の人以上にいっそう時代に即した知識が求められる人々の間にそれがある。より優れた教養が必要、と言われる。それに国際的競争力のある学問が。即効力が求められており、余計なお荷物は振り落とされる。つまり、価値と伝統、芸術と文化、文学と歴史、学問と教養である。学問と教養を必要とし、かつ、実際にはそれなしでもなんとかやっていけるような、そういう時代に即した、未来を志向する知識が、そこに存在できるのか。西欧の産業国家社会はその際、歴史を無視することで、現代をも誤認しているがゆえに未来を持ち得ない無知の道に身を任せられるのか。

独自の歴史性の意識はそこで終わっているのか。過去から自分達の時代への道はもう続いていないのか。今日と昨日を繋ぐ綱を切り落としてしまっても、それでもまだ未来はあるのか。歴史は文字通り「昨日の」ものであって、新しくはないが、時代に即している、あるいはトレンドだとして市場化できるすべて、つまり「中世への逆行」なのだろうか。人は現在というものの自己認識をそのようにゆがめようとした時に、我々の現在に対して不正を働くことになる。自分の存在の歴史と歴史性が逆にいっそう興味深くなるのは、人々が今日、単純に以前からの模範や過去の英雄たちに問いかけるのではなく、かつ、理想的な美化を求めないからこそなのだ。一八〇〇年頃のロマン派の人々にとって中世は救済と、乱されていない秩序の時代であった。——彼らが彼ら自身の現在において、ナポレオンの遠征と国民的な解放戦争という印象下で、その不在を嘆いた、あの理想の時代である。人々は自分の体験という狭い視野から広い歴史に憧れたのだが、それは待望され、美化された理想像であり、現実の過去とはまったく関係なかった。

新たな歴史的関心というのが今日でも頻繁に聞かれる答えである。しかしもはや中世を理想として、あるいは今では失われてしまった起源として見る者はいない。美化はもはや問われていない。その代わりに社会の広い範囲において知識、さらなる知識、新しくよりよい知識、有益な知識、昨日、今日そして明日の関連を推論するまさに歴史的知識を求める叫び声が大きくなっている。現代における将来を見通す力が現代的なものの歴史性の理解にも拠っているということが、再びいっそう意識されている。

自分達の歴史性の意識は今日、別の形の過去への問いに向かっている。今日の人々にとって中世はもはや未知でも暗いのでもなく、その別の形において魅力的でまさに謎に満ちていて、親しまれるのである。二〇世紀最後の四ヶ月以降、そして今日ますます頻繁に、歴史的展示と古い音楽で、また歴史的博物館、仮装祭、そして歴史的テーマの解説書や小説によって、広範囲にわたり活気のある公的な関心に反応した新たな市場が生まれている。

そのうちのかなりの部分を中世が占めている。壮大な皇帝像、個性的な女性、あるいは実体の分からない魔術師、賢い学者、及び敬虔な聖職者たちと知り合いになったような気を起こさせてくれる。人々は中世について何かを知りたいし、中世の人々の知識について何かを理解したいのだ。彼らはどのようにして自分達の生活を組織化していたのか、彼らは自分達の世界について何を知っていたのか。彼らは時代の秩序や危機においてどのように身を立てたのか。より綿密な作業においてまもなく、同様に現代からも知られている様々な事実が現れる。伝統における確実性と未来への不確実性、現存する諸事情への批判、未知のものへの好奇心、など。様々な意見や関心の争いがある。中世の世界は多様だった。現代と同じで、人々もその知識も多様だった。現代と同様、中世の人々は知識によって自分達の生活を組織化し、彼らの行く手に立ちふさがる困難を乗り越え、自分達の存在を守り、家族を養い、影響を受け、社会を形成し、その際、多かれ少なかれ、出世し、おそらく権力を行使したのだ。

2 信仰と知識

日々の活動において世界の終焉と同様に個々の人生の終焉が、今日しばしばそうであるように、心の中から排除されず、意識的に受け取られたことが、中世後期の特徴である。「我々は人生の只中で死に取り囲まれている」と一一世紀の聖職者によるラテン語の歌にある。この文は一三世紀以降の歌集『カルミナ・ブラーナ』において広まり、最終的に一五二四年にマルティン・ルターによってドイツ語の教会歌に訳された。今日までそれは聖歌集の中にある。

中世後期にいわゆる「死の舞踏」がますます広まった。それは人間を中世的身分秩序の社会的グループそれぞれの代表者として示している。そして彼らはいずれも骸骨、つまり死に手をつかまれ、輪舞の中へ取り込まれているのだ。少なくとも同時代人にとって、表現内容は明確であった。どの人も、男も女も、どんな年齢どんな身分の者も死に呼び寄せられている。世界と日々の生活の営みの真っ只中で。

皇帝や王、教皇や司教も死の輪舞の中に示されていることで、社会批判がそこに表れている。死において、つまり神の前、最後の審判に引き出されると、あらゆる人間は同等になる。社会的差異も、権力の優位も、出生と身分による特権も、世界の審判者の前では役に立たない。しかしながらこの深い警告は革命的な要求を含んではいなかった。この世の社会的・支配的秩序による不平等は変更したり廃止されたりせず、神によって与えられた創造的秩序として受け入れられるべしとされた。下位の者、抑圧された者、不当に扱われた者にとって、あの世で償われるという見通しだけが慰めとみなされた。この世で権力と影響力を持っている者たちにとって、改心への要求はあの世での自分の魂の救済を失わないための改悛と結びついていた。

世界における社会体制と支配体制の依存関係への批判は現代人にもなじみのものである。そしてそれは今日まさしく必然的に、改革と変化への要求に繋がっている。死の舞踏においては、そのような批判はむしろ、謝肉祭の風習の中に今日まで続いているような形で示される。現行体制の戯画が「倒錯した世界」を示しているのだ。しかしそれはただ風刺的な注釈に過ぎず、決して革命への呼びかけとは解されない。そういう批判の結果の推測を断念することの中に、変化への意志の欠如の中に、中世の不可知さがあるように思われる。現代の観察者にとって、死の舞踏も、敬虔な中世の人々が世界秩序を忍耐強く受け入れていることも、ともに不可解である。そして彼らはどのみち知識とは無関係だったようにみえる。信仰と知識はむしろ明らかな矛盾関係にあるのではないか。世界を信心で理解することが合理的な知識で克服されるなど、あり得ることだろうか。

一七あるいは一八世紀になって初めて合理的な学問が発展し得たというのは、現代人の思い上がりの中でも頂点に位置する中世世界観である。一八世紀の啓蒙主義者たちによって初めて定式化されて以来、そのような評価は今なお聞かれる。そしてそれは世の一般的な文にも見られる。曰く、信ずることは知ることの謂いではない。誰しも、疑いは自分でそう判断するからこそ生ずるのだ、と言われざるを得ない。そのうえ歴史的な一般教養が現代を越えることのない現在の学者は時として、中世においては「信仰という知識」しかなかったと推測している。

国民経済学者カール・マルクス（一八一八～八三年）のような批判的な分析家は、世俗の不正を黙認するよう強制されたと主張し、その点に教会による人間の禁治産宣告を見ようとした。マルクスは、宗教は民衆のアヘンであり、宗教への批判は必然的に、与えられた関係をひっくり返す要求へと繋がらねばならない、と書いた。それは特に、キリスト教的・教会的伝統への批判に、そしてそのことによって「中世のような」状態への批判に繋がるあの世への慰めだった。

すでに啓蒙主義時代において、この批判は先鋭化していた。「無知の数世紀」とジャン・ダランベール（一七一七〜八三年）は中世を特徴づけた。人々は教会により知識への自由な通行を拒まれ、教会が知識を独占した、とフランス革命の先駆的思想家の一人であるジャン・ド・コンドルセ（一七四三〜九四年）は書いた。もし今日までそれが、教会が中世において「教養の独占」を要求した、と読まれるとしたら、それはそもそも現代の無知がそこに現れているに過ぎず、その無知は中世の知識の多面的な現実性のはるか後方、そしてコンドルセの学識ある批判の後方にさえ留まることになる。コンドルセにとっては誰が知識を仲介し、知識の中身をコントロールするかという問いが重要なのであり、知識能力の地平を制限しないことが大切であった。我々現代人は彼にその点では同意することができる。しかし我々は、我々がそのことに関してすでにかなり長い伝統の中に身をおいていることを知るべきであろう。中世においてもこれらの関心事にはすべて十分に激しい議論が行われていた。

マルクス主義的な哲学者エルンスト・ブロッホ（一八九五〜一九七七年）は同時代の知識に当てはめた啓蒙主義の宗教批判を工業化の印象下で、さらに先へ進めた。教会は人類の期待と希望をあの世への関心に向けることによって、人類を恐怖に陥れた。さらに、恐怖の中で生きる人は、自由でなく自己決定もできず、自分の理性を利用する方法が見出せない。ヴォルテール、ジャン・ド・コンドルセ、特にイマヌエル・カントが定式化したような啓蒙主義時代の様々な要求によって初めて、自分自身の理性を使うこと、つまり知識への意志が、人々を自由にした、というのである。

では中世には自由な知識はなく、したがって自由もなかったのか。中世の人々は恐怖の中で無知の人々として生活していたのか。先に引用した意見は、すでに中世において、そして今日まで常に存在し、教会史をも繰り返し特徴づけてきたあの教義上の視野の狭さを、正しく批判している。中世の多様な世界、人々の個性、そしてあの時代の社会のダイナミズムは、そのような評価によってもちろん覆い隠されてしまう。自分達の時代と経験の対立から、これらの批評家は、実際に記述された時代に対する理解もなく、中世を描いた。中世の人々と彼らの知識とのつきあいを理解するには、それらはそれ自身の時代の条件下で描かれねばならないのだ。

価値判断と解釈の型は今日の人々にとってもやはり無縁ではない。二一世紀初頭の我々の同時代人も我々固有の関心、理想、尺度をもって歴史上の各時代を考察したり判断したりしている。

中世は現代の判断に耐えられるだろうか。もし中世が、我々が自分達の世界を記述している、その合理性、自己決定性、個人の自由と信仰の独立というイメージで量られたら、多分だめだろう。しかし我々の現代でさえこの理想を決して無制限には実現していないということをはっきり自覚しようではないか。非合理的な態度、集団の観念に捕らわれていること、セクトや心霊術者の吹き込みに盲従するますますの傾向は、至るところで見過ごしにできないものがある。現代においても中世はあるのだろうか。

3 知識と知識社会

すでにいつも、しかし政治的アクセントをつけて、二〇世紀の八〇年代以降の現代西欧工業社会は、自己批判と自己確信の間の緊張の中で、自分達の知識を定義しようと試みた。ドイツの元連邦大統領ローマン・ヘルツォークの「躍度〔単位時間あたりの加速度の変化率〕がドイツを貫かねばならない」という呼びかけは諺のようになった。より多くの教養、よりよい教養がその結果になるべし、というのだ。すぐに様々なレッテルづけが交錯した。つまり「教養」という概念は人によっては疑わしいものだったのだ。教養という概念にはフンボルト兄弟時代からの包括的、ヒューマニスティックな人間教育という理念の響きがあまりに強かったからだ。その兄弟がかつて現代的な大学を創立したのであり、その要請は今日なお最近の人文主義的なギムナジウムを特徴づけている。兄弟は大学においても席を保つべしとされる。

「教養」から人々は同時に、グローバリゼーションの時代へなかなか適応しようとしない市民的、保守的な人間像を連想した。世代を越えて保たれてきた知識内容では、社会にとって必要な教養を準備できないと多くの人が思っていた。彼らは教養を、時事的な必要に応じていつでも代替でき、補足でき、新しくすることができる、呼び戻すことのできる情報として理解することをより好んだ。現代社会は「情報社会」と理解されたのだ。まさにこれを象徴するものとしてハノーファーでの二〇〇〇年の万国博覧会があった。

しかしそれに対してすぐに反論が生じた。「情報社会」はあまりにお好み次第で、目まぐるしすぎた。

そして最終的に「知識社会」の概念が定着した。「知識社会」における「知識」は、現代における方向づけ、未来への挑戦の成就、そして常に、様々な力がグローバルなネットワークに直面した時の自己主張に必要不可欠な、様々な知識内容を示している。保証付きの知識と革新的な知識は対等であり、伝統ではなく目下の要求と将来の要求に関する予測が知識の価値を決定するのだ。目下のそしておそらく将来の需要に応じて様々な知識内容が結びつけられ、そして社会の知識を構成する。個人、集団、社会の一部または社会全体が、いわば潜在的な地下資源としての、全体で現代的工業社会の「自然な」備蓄を形成する知識を自由に使えるようになるのだ。

グローバルな株式市場での経済的に新しい方向性の目下の傾向が二一世紀への変わり目における知識社会の思想的、政治的な確立と合致していたのは、確かに偶然ではない。その傾向は、財政技術的な知識内容との、リスクに対応できる新しい接触方法を通して、多くの人の素早い成果を暗示した。三〇世紀初頭には新しい市場があっという間に成立するだろう、そしてそれは、もし存続し得たとすれば、知識社会の将来性のある看板娘として、間違いなく喧伝されているであろう。しかし予想されたよりもはるかに早く、誤って新しい知識だと思われたものは、極めて古い諸力の表れとしての正体を現した。その新しかったはずの知識の完璧な崩壊は、その過大な様々な期待を、数百年来、妥当とされてきたあの事実の基盤へ向けてぶつけてしまった。もし知識が理解されない情報によって代替され、責任がリスクによって代替されるのだとしたら、専門知識なしでは何も得られないのだ。

別の言い方をすれば、知識のない知識社会はありえない。我々は再び最初の問題に直面させられている。どんな教養を、どんな知識を我々は必要としているのか。これまで説得力のある答えはないし、おそらくこれからも決してないだろう。知識は静止しておらず、手で捕らえられない。知識は常に人間の中にあり、人間から人間に伝えられるもので、他人や全体に対する個々人の共同思考なしには存在し得ない。知識は賢い先見の明なしに、また人間の責任と人間的なエートスなしにはやって行けない。そこで初めてリスクに対する備えもそのひとつになる。勇気は知識への意志から生まれた冒険になる。

そのように理解された知識社会は決して新しくはない。しかしそれはあらゆる時代において常に他のものと並ぶ代替物に過ぎなかった。多くの面で徹底して他者であり、「主流」と並ぶ「もうひとつのもの」であった。それは引き続き、非人間的でヴァーチャルな世界の傾向に対して自己主張せねばならないだろう。今日の知識社会における知識はおそらく今まで以上にその力をはっきりと自覚し、無知の暗示的な力に屈しないよう、身を守らねばならない。今日の知識社会における学問は成果を公表する実験の進歩を責任とエートスに結びつけねばならない。ガリレオ・ガリレイが一六世紀に、ヤーコプ＝ローベルト・オッペンハイマーが二〇世紀にそうしたように。そして遺伝子工学だけが現在も将来もそういう責任とエートスを求められているわけではないのだ。今日の学問批判はしだいに断固たる態度で、合理的で無目的的と称する技術と研究ために生命、世界、自然を恣《ほしいまま》にする進歩絶対主義的な意識に反抗している。自然や文化的な現実の中へはめこまれ、自然資源やエネルギー備蓄の持続性を保護するとともに、自分の知識欲との責任ある付き合いを要求する新たなスローガンが議論に上った。

そのように理解された知識社会はその歴史性についてもよく承知しているであろうし、それゆえ、現代の独りよがりな技術主義、進歩主義を克服せねばならないだろう。まさにそれゆえにこそ、知識社会はその始まりをもはや一七、一八世紀に定めることはできず、古代以来の知識社会からの連続性をはっきりと自覚しているのであろう。この連続性の中に当然、中世も組み込まれている。つまりヨーロッパ的・キリスト教的な、アラブ的・イスラム教的な、ユダヤ的な文化を等しく包括した中世である。そこへの道はまだ遠い。今までのところそういう関心への唯一の弁護人は依然として、二〇〇二年に中世のアクチュアリティーについて語り、中世における知識社会を主張した歴史家で中世研究者のヨハネス・フリートのままである。彼の主張に対してまだ賛否ともにある。

しかし注意が喚起されている。当然慎重にフリートは要約している。中世の社会は知識社会としても理解されうる、そして同じような慎重さはこのテーマへの将来の表明でも不可欠である、と。対象が複雑すぎるのだ。しかし、中世における知識社会という考え方に反対する素早くて一見分かりやすい主張が相変わらず現代人のうぬぼれであることはとうの昔に証明されている。中世社会は知識社会としても理解され得ると主張することは、根本的な前提を含んでいる。つまり当然ことながら、社会全体が知識社会だったのではない、それは今も昔も変わらない、ということだ。

問題は非常に個別的なことに移って行く。誰がどんな知識内容を自由に使え、誰から、どのようにそれを習得し、何のために必要で、いかにして用いるのか。個別の知識は自分自身のため、周りにいる他人のため、社会全体のためにどんな働きをするのか。知識は社会的な力関係の中でどのように振舞うのか。特に、それはどのようにして働くのか。明確に言えば、それは権力の知識なのか、それともそれは知識の力を示しているのか。

4　教養知識と行動知識

もう一度。知識はどのように作用し、何の役に立つのか。知識は合理的な思考を前提とし、進歩を意味し、認識をもたらすという断言は間違いなく、過去と現在のあらゆる時代に共通となる。同じように、知識は常にその時代の条件下で人生の成就と自己組織の戦略を意味するということも議論の余地がない。中世と現代の知識はその点において違いはない。そして、それは個々人の意図に満ちた、利害に導かれた欲求からだけでは説明できない、という点でも同じである。

時代固有の価値設定、解釈の型、そして秩序観念を区別してみよう。中世と現代の知識に共通なのは、両者がその発生の条件を知っていて、その条件抜きでは把握できないということである。知識の歴史は常に全体的な相互関係の中で記述されるべきであり、長いこととされて来たように、個々の学者の思考体系の発展に限るべきでないだろう。倫理的原則、宗教・信仰関連の観念も、現代においてさえ、ましてや中世において、知識の時代に制約された型と発展条件に数えられる。

中世社会における知識の問題に答えるために、歴史学はこれまで二つの方法論的な道を選んだ。一つは現代的、合理的な知識の初期の形式、前形式として記述される。中心に学問、学問的進歩、学問的認識があった。むしろ学問の歴史の伝統的な精神史的、及び理念史的萌芽が、この道に続いている。

中世における知識は第二に、その時代の秩序、価値、観念の知識、そして、自分達の生活をそのような条件下で方向づけ、組織化する可能性の知識として理解された。文化史と社会史の萌芽はこの道を選んだ。違いは、知識が学問として排除されず、同時代の知識内容として他のものと並べて知識の歴史の中へはめこまれていることである。

さらに、この二つ目の道に続いて別なる区別を生むことになる教養知識と行動知識である。両者の名前は中世のものではなく、今日的な概念として中世の現実を描写しており、必然的な区別をする助けとなっている。教養知識はそれゆえたいてい学校で習得できる、理論的あるいは学術的な知識と認識される。またそれは自由七学芸と大学の授業科目の伝統において、文書で伝承され、文学的特徴も持ち、多かれ少なかれ教会的なものと密接な関連がある。スコラ哲学的学識のある神学博士は、たとえば典型的タイプとして、教養知識の担い手を体現している。

そのような教養知識を習得し、それを駆使できる人々に対して、知識は解釈の権限を与えた。彼らは世界と宇宙の現象形態を説明、解釈することができるが、それは必ずしも現代的な自然科学的な認識に基づいて記述されるものではなく、むしろ伝承されてきた、学識ある、神学的あるいは自然哲学的な説明規範に基づいて推論的に考えられたものだった。星の動きは、古代プトレマイオスの世界像によって、そして中世盛期以降アリストテレスの著作の知識を通して洗練され、解釈された。一四世紀のパリのある写本が、いかに人々が天界の動きを天使によって理解したかったのかを印象深く示している。一六世紀におけるガリレオの観察的学問が初めてそのような学術的・神学的な説明を批判した。医師は同じように健康と病気を体液の学術的観念によって解釈した。当然医者はそのような知識ではほとんど治すことができなかった。そして医学においても一六世紀初め、公的解剖の始まりとアンドレアス・ウェサリウスによる学問的外科学の確立によって新たな発展が始まった。音楽理論においてはハーモニーと様々な数の比の解釈を通して、音は天の完全性の写像と解釈されたが、実際の演奏にはまったく貢献しなかった。もっと他の例も挙げられよう。

教養知識はその時代の学術的な学問知識から導き出されたが、しかし水準の何倍も下にとどまった。すでにラテン語の文法を学んだ人は、教養知識をわずかながらでも使うことができた。その人はラテン語のテキストを写し、手紙や文書を書き、収支の記録簿をつけることができた。それによって彼は聖俗の依頼者のために有益な業務を遂行できた。もっと学んだ人、論理学とその上修辞学の学術的規則を知っている人は、この方法論的知識により、様々な案件に対する賛否の論証をすることができた。裁判で、大学で、次第に都市や諸侯の宮廷においてもそのような知識は需要があった。すでに教養知識は学術的伝統の権威においてだけでなく、同様に実際の使用においてもその社会的価値を見出したのだ。

行動知識はそれに対してもっぱら実践的な適用から説明された。それはやはり包括的な知識の、習得された、しかしラテン語による、特に民衆語による、文書あるいは口頭による伝承だった。行動知識はその保有者に行動の権限を授けた。社会における実際的な仕事、習慣、生活行為もそこから把握された。文書の専門知識、計算知識、技術的能力である。学術的テキストの伝統と並んで、中世盛期以降、そして特に都市的な関連において体系的な文書化が生まれた。専門散文、法律のテキスト、一連の官房文書が日常生活の組織にとってますます重要になり、根本的な、特に民衆語による教養が必要となった。

行動知識は学術的な伝統にではなく、実践的な知識内容に由来した。それはむしろ教養というよりは専門教育を通して伝えられ、自由七学芸には属さず、同様の七工芸（アルテス・メカニカエ）に属した。書ける人や計算知識のある人は行動知識の担い手に数えられた。例えばあらゆる種類の手工業者、商人

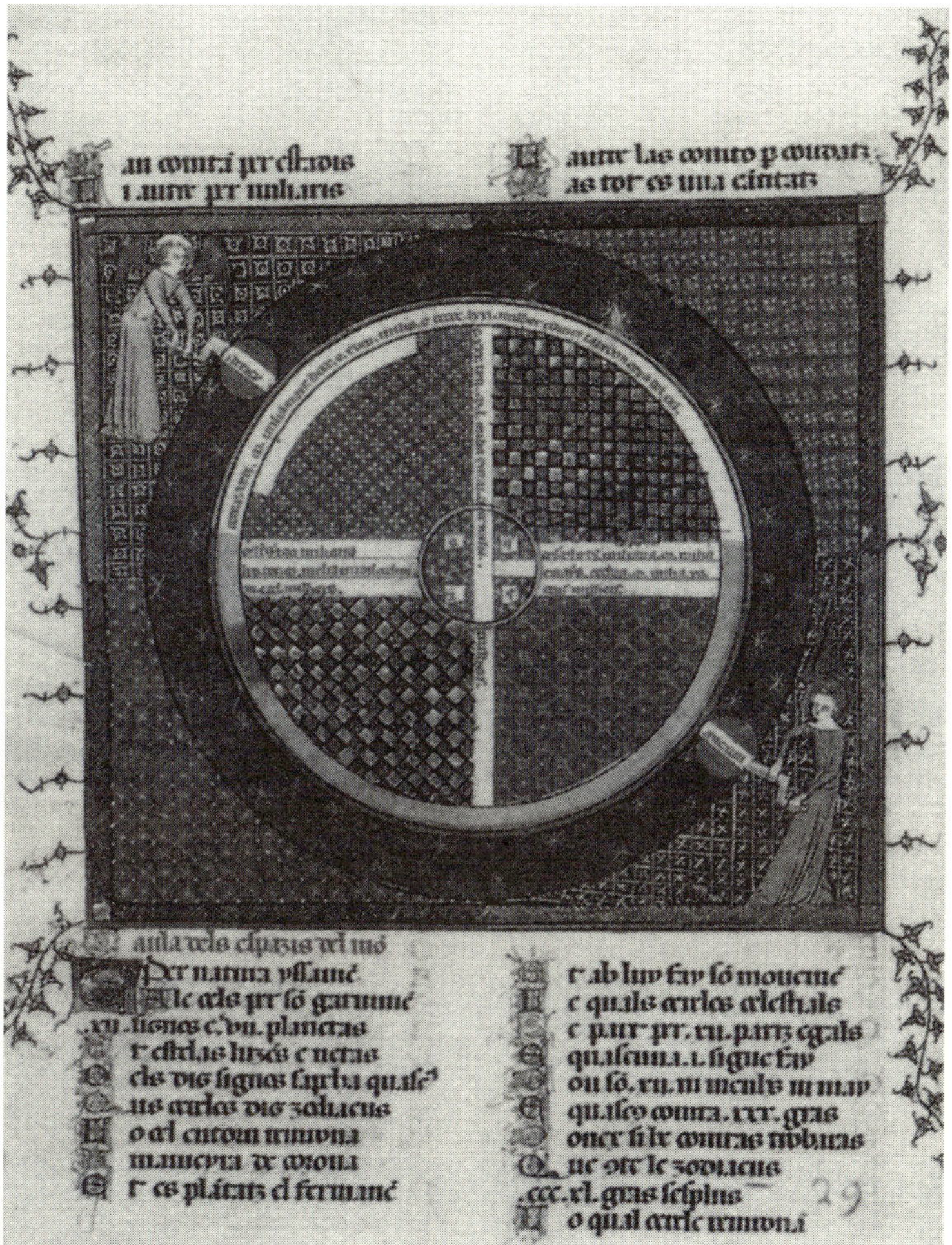

天使が天球を動かす．マトフル・エルメンゴーによるミニアチュール．『愛の書』，14世紀．

や小売商人、医術家、慣習法に通じた人、軍事手工業や社会的身分にふさわしい振る舞いの知識のある貴族も、典礼と司牧の実践知識のある聖職者でさえそうだった。例えば成功した裕福な手工業親方は理想的な行動知識の代表者と見なすことができる。

行動知識はこの点で教育内容なしには不可能であり、一定の知識内容において組織化され、そこから習得された。しかしそれは初めから、保存のための伝達ではなく、日常の、実践的な必要における使用を目標にしていた。それゆえ行動知識は各個人においてもっぱら教養知識の各要素から、さらには学問からさえ導き出すことができた。しかしその内容、方法、目標においては実践に関連づけられていた。

中世社会においてはほとんどの人が読み書きできなかったという有名な指摘は、ここでは無視してもよい。読み書き能力は、もし誰かがサインを書けるだけでは、おそらくまだ主張することはできまい。ラテン語論文を読むことはそれに対して判断基準としては高すぎるとされる。教養知識と行動知識の広い分野は、生活のために必要なことを遂行できるだけの、民衆語での読み書きによる様々な基礎知識のみに終わっている非常に多くの人々を含んでいる。公式の通学はそれゆえ必ずしも前提されていない。最低限の知識は多様な方法で習得され得る。独学者もいただろう。伝承が我々に証言しているよりも多くのことを知っていた人々の潜在数は間違いなくかなりなものであり、中世の現実はこの点でもあまりに多様で、現代の統計学では捉えられない。

二つの知識内容、教養知識と行動知識は一方では厳格に区別されている。学術的な大学神学の世界から手工業親方へと真っすぐな道が続いていたのではない。他方で、触れ合っており、交差している。学識ある神学者も日常の多様な実践的知識を必要とし、手工業親方はよりよい意思の疎通のために、あるいは箔をつけるために、ラテン語を習得しておきたかった。教養知識は要求の高いコミュニケーションの技術を、行動知識は社会的権限を含んでいた。

両者は最終的に、知識、価値設定の再認識と理解、解釈の型と秩序観念に関することが問題となったところで、最も密接に結びついていた。ここで「一般教養」が問われている。通例の現実の認識、要求、表現形式としての知識である。人々は世界を神から与えられた創造秩序として、自分自身をこの秩序の一部として考えていた。人々は一方では社会身分的に分類された社会に、他方では教会の普遍的な、救済を求める統一体に組み込まれていると感じ、己の自己理解と行動はそれによって確定されていると思った。誰もがこのすべてを知らねばならなかった。教養知識と行動知識は、習得された、時代に即した文化技法の規格仕事に向けて、互いに補い合った。

5 文化技法と象徴的資本としての知識

中世後期の死の舞踏でも表現されたのは、現世と教会、この世とあの世のこうした秩序だった。一五世紀、リューベックの死の舞踏は社会的諸身分、同時に教養知識と行動知識の、それぞれの代表者を示している。医師は、元々法衣だったのが学者服になった簡素で長い服、大学関係者の印としてのビレッタをかぶり、学識ある医療人の証明である尿瓶を手に持っている。その脇の若い貴族は、高価で装飾の多い服、社会的地位の印としての鷹を腕に止まらせている。若い貴族の一方はおそらく、学識ある教養知識によって社会的に高い名声を得た市民階級であり、他方は、出自と行動知識として習得した立ち居振る舞いから、社会的に高い位置にいることが分かる。

身分集団と知識レパートリーの代表者として、ここで記述されているような人物描写をこのように読み取ることは、同時代人にとっては問題なく可能であった。彼ら自身がそれらの集団に属しているかどうかも関係なかった。リューベックの死の舞踏も含めて、しばしば脇に添えられた韻文は陳述内容をいっそう深めてはくれるが、絵の基本的な陳述の「自然な」理解には不要だった。死の舞踏表現の大きな広がりは、これ以外には説明できないであろう。衣服、身ぶり、いかにも曰くありげな持物は、人々から詳細な説明なしに理解される絵の象徴的な陳述にまで形式化された。そのような象徴性についての知識と画一的な解釈もまた、明らかに広く学ばれ、マスターされた知識状況の一つだった。

知識は仲介と教育を前提にする。教養知識の内容に関しては学校の授業を通して、行動知識の内容に関してはむしろ家族的な、またはグループ独自の社会化を通してである。一五世紀後期の写本のある絵が、子どもや若者の典型的な学習振りをバルトロミー・ラングレーの表現でイラスト化している。小さな子どもたちは、体を動かし続けること、そして遊びの中で将来の行動を試してみることを学んだのだ。それに木製の小さな像を使って騎士ごっこが加わることもあった。貴族身分の男子に期待されたことだが、貴族の子どもたちはすでに猛禽類の調教、乗馬、剣術の習得に取り組んでいた。教育は、それぞれの社会的集団のメンバーにとって必要とされる――そして、それをマスターした時には目印となる――教養知識と行動知識の両方の存在を含んでいた。

教育と社会化による知識の獲得は文化技法と社会的資格の仲介を意味した。それらは、特別な社会的

リューベック，聖マリア教会のいわゆる「死の舞踏礼拝堂」の死の舞踏，1828 年．マティアス・ハウプトマン（若）によるチョークリトグラフィー．15 世紀半ばの版による．

発展条件下で、一般的に時代の、特にその時その時の個々の社会的立場の、必要不可欠な、生活上の方向づけを可能にした。

それゆえ今日、学識ある大物たちや、以前の世代が問うていた、大物たちの指導的な諸理念は、あまり関心を呼んでいない。その代わり、関心の中心には教養人と学者による個人、あるいは集団がいる。そのような認識の下、特にフランスの中世史学はかなり以前から我々の知識を広げてきたし、今日の議論の基礎づけをした。そして、一九五七年になって初めて、ジャック・ル・ゴフが中世における知識人に関する研究と取り組んだ。今日、指導的役割を果たしているのは、一九九七年に『中世後期のヨーロッパにおける教養人』というタイトルの本（*Le gens de savoir dans l'Europe de la fin du Moyen Age*）を出版したジャック・ヴェルガーの業績である。しかし、"gens de savoir" という表現は単なる教養人や学者以上のものを表しているので、ドイツ語に訳しにくい。ベルガーはむしろ、中世文化全体の担い手、つまり、民衆文化と同様に学術的文化、理論的な知識と実践的能力を問題にしているのだ。全く同じようにジャン＝フィリップ・ジュネは一九九九年、中世文化の範囲内での教育の変化に関する研究で他に先んじたがその際、学問的進歩と知識の発展を、社会－文化的要請の下で説明した。当然の帰結として、聖職者や大学関係者の教養知識と並んで、政治的日常において助言者としての働きをした人たちの行動知識があるし、あるいは手工業者、建築家、造形芸術家の技術的能力もある。

中世社会における知識の歴史は今日もはや、支配と政治の歴史に並ぶ孤立した精神史とは見られていない。知識は支配と社会秩序の一部として、また手段として理解されている。その権威ある諸力が、まれではあるが、その時代の知識の担い手にさえなったか、あるいはたいていの場合そうであるように、そういう権力者は学識ある助言を利用し、パトロンとして知識と学問を促進させた。国や帝国の政治史、身分と集団の社会史、文化と知識の歴史は、互いに密接に結びついていたのだ。

知識の促進、習得そして利用は容易に政治的事項になりえた。現代と同じで、知識は認識の進歩と人生の方向づけのためにあるだけでなく、立場ごとの自己主張の要素としても適していた。音楽、絵画、文芸そして文学は諸侯の宮廷で高く評価されたし、よりよく知るために、よりよく楽しむために、あるいは美的楽しみをいっそう与えるために、大いに奨励された。同時に、知識とその担い手をこのように奨励することは、自分の経済力と太っ腹なところを誇示するのに、非常に適していた。

諸侯の宮廷に関する今日の研究はそのことに注目している。例えば、二〇〇〇年に出版された、ベルトラント・シュネルプの『一四、一五世紀におけるブルゴーニュ歴代大公による支配と宮廷に関する研究』もそうである。大公のいかなる決定も学識ある宗教的そして世俗的助言によって入念に調整されていた。大公が宮廷で活動している芸術家やその作品に注意を払わない日は、一日とてなかった。官房の効力と宮廷経営に関して自己を誇示する輝かしさをもって、大公はヨーロッパ全体に自分を強く印象づけた。自らも徹底して教育を受けたが、宮廷における顧問、信頼できる者、芸術家たちの、彼個人の水準をはるかに超えた知識を利用した。教養知識と行動知識の両方が、効果的な自己顕示に役立った。後、一五三三年に、二人のフランス人外交使節、貴族と聖職者がイングランドのヘンリー八世の宮廷で画家ハンス・ホルバインに肖像画を描かせた。特に贅沢な毛皮の縁をつけた貴族の盛装は彼の高い社会的地位と裕福さを示している。二人とも、自己表現のためにはかなりの出費もいとわない、はっきりとした自意識を持った男性であることを皆に知らしめるために、姿勢と表情でだめ押しまでしている。

彼らのいる空間は徹底的に細かく描かれている。そしてどのディテールも意味を持っている。リュートと開いた本に並んで、観察者の視野に飛び込んでくる占星術上の様々な道具が特に目に付く。その時代の高い学術的な、かつ、自然科学上の知識まで表現しているように、それは見える。

批判的な研究から、これらの占星術上の道具が見せかけであるということは、今ではもちろん分かっている。逆に推理すれば、高貴な二人の男たちがこの道具を自分で使いこなせたわけもなく、おそらくリュートも演奏できず、開かれた本も読めなかったと、容易に分かる。彼らは肖像画を見る者を欺きたかったのか。または彼らにとって知識をひけらかすことは全く問題ではなく、ただ一般的に、識者としての自己顕示を明確にすることが問題だったのだ。時代の知識をほしいままにしているという事実、その知識の内容ではなく、それを駆使していることの証明こそが、そこで意図された意味内容だった。

知識は個々人の名声にとって高度の意味を持っていた。しかし教養人や学者の自己表現像から実際の知識を推論できるだろうか。「空っぽの頭に乗っかっているドクトル帽子は何の役に立つのか」と一五〇六年、ヨハネス・ブッツバハは『旅する小冊子』として知られた生活報告の中で問うた。ここで、冒頭に引用した、賢い手工業の親方が偽の大学卒業生を詐欺師であると見破った風刺も、同じ批判を表現していた。知識とその担い手の高い社会的価値から利益を得ようとする者もいたが、その際、その知識を本当はまったく持っていなかったことは、多かれ少なかれ巧みに隠した。そのような芝居は、学者が社会的評価において中世後期の間に次第に下級貴族と肩を並べるようになったことを通して容易になった。貴族の称号と大学による学位はその後、同様に、評価要求のための表現とみなされた。ある時は出生上の特権に基づく、またある時は個人的な業績に基づく要求だった。どちらも、部外者にとって充分には検証不能なことが多かった。

実習医学部生に対する'Herr/Frau Doktor'（ドクターに対する男女を区別した呼びかけ）と細分化されていない呼称が示しているように、またそれだけではなく、大学の博士号の取得をあきらめた時でさえ、少なくとも学位の価値の要求は現代に至るまで保持されてきた。フランス人社会学者ピエール・ブルデューは歴史的社会と現代社会を比較してこの現象に取り組んだ。大学による称号は保持者を互いに同等にし、その称号を持っていない他の人と区別している、と彼は述べている。評価要求はしかし個人的権威の今日的な証明から離れている。まるで儀式的行為のように、称号の保持者による社会的受諾の表明は日常的なコミュニケーションにおいて生じる。

もちろんそのような儀式は、同時代の社会における合意によって承認され、その意義と解釈が、習得され、精通された知識レパートリーに属している場合にのみ機能する。死の舞踏を描写した絵の理解と同様、社会的評価の表現形式との付き合い方も社会的専門知識の一部として習得されている。そのような儀式の効果的な実施によりコミュニケーションも成功し、理解が可能となり、社会的役割像が認められるので、ブルデューは象徴的資本という言い方をした。知識、より正確には、称号によって表現された知識の社会的評価要求は、すでに中世後期の社会にとってそのような象徴的資本として理解され得たのである。

さらにこのつながりで明らかになることがある。その時その時のコミュニケーション状況において知識は、意思の疎通のためにすでにあらゆる面で存在していなければならない。教育と社会化による知識の仲介はコミュニケーションに先行してこそ、はじめてそれを可能にする。これについてドイツ人社会学者ニクラス・ルーマンが指摘した。コミュニケーションは、参加者が前もってコミュニケーション状況の中で自分がどのように振舞うべきかを知っていることを相互に想定した時に実現する、と彼は述べている。

最終的に知識は文化技法としてもはや学問と同一視できず、何度もそうされたように、学問の結果と構成要素として定義できる。現代の、専門的な学者のタイプは一九世紀になって初めて生まれたのだから、中世の現実はこの違いを、いずれにせよ正当に評価していない。知識は中世世界に大量にある。学問は、教養知識の多彩さの内側にあって、その一部である。

知識の歴史はそれゆえもはや伝統的な学問史の内側では把握できない。知識の歴史は（そしてそれとともに学問の歴史も）中世社会の文化史と社会史の一部であり、そういうものとして記述されねばならない。歴史家ウテ・ダニエルが二〇〇一年に的確に規定したように、文化史として理解されている知識史はすでにそれゆえもはや進歩史や成果史の道をたどることはできない。

中世の知識史はむしろその歴史時代の価値規定と解釈の範疇にしたがって記述されねばならない。そうすることでそれは、現代の尺度で測られるという要求から解放されている。中世の知識史がもはや現代的な人間像と、あるいは、学問的な進歩への現代的な期待とは比肩されないことで、その歴史的、中世的現実は、現代とは非常にはっきりと異なるかもしれない独自の多様な視点で明らかになる。そしてそれは現代的なものの後ろに取り残されているに違いないという判断から逃れるのだ。

6 伝統性と個人性

中世において人々はどのようにして知識を習得し、伝統から与えられた基準と新たな発見の機会の間で独自の知識はどのようにして発展したのか。知識産出プロセスに関する中世的な自己理解に比べると、進歩に関する現代的な期待は、実際まさしく一次元的である。

特に印象的なのは、一三世紀半ばに完成したシャルトル大聖堂の南側の袖廊にある窓のモチーフに、いかにも中世的な理解が表現されていることだ。それは、使徒マルコを肩に担っている預言者ダニエルを示している。このステンドグラスは、ヨーロッパ中世盛期においてスコラ哲学が最も危険にさらされた場所の一つであるシャルトル大聖堂学校において定式化された命題を表しているのだ。この命題は、おそらく一一一四年から一一一九年の間、大聖堂学校の初代校長だったシャルトルのベルナールに由来する。有名な文法学者として彼は聴講者に深い感銘を与えたが、独自の学問的著作によっては頭角を現していない。我々が今日彼について知っていることは、彼の弟子たちによって記録されたものだ。当時まさに古典的な意味を持っていた次の文もそうである。「我々は、巨人の肩に載っているこびとである。我々は巨人よりも多く、もっと遠くまで見ることができる。しかしそれは、我々がより鋭い眼差しと、より堂々とした姿を持っているからではなく、巨人の背の高さが、我々を高く持ち上げる働きをしているからだ。」

ベルナールは彼の時代の学者を巨人の肩の上のこびとと理解した。彼はそのようにして個人的見解を表現しただけでなく、当時広まっていた評価を再現したのだと想定できる。現代において見られるようなアクチュアルな知識はそれゆえ、純粋な進歩とみなされず、せいぜい個人的発見の結果とされた。中世人の知識はこれに反して、確かに十分学問的進歩と理解されるが、しかし、伝統という、認識価値を保ち、決して進歩によって失われることのない、意識的に受け継がれてきた基礎の上でのみ理解された。進歩はそれゆえ知識の増大、認識の発展、既存の知識レパートリーの改革と広がりであった。

神学的解釈の枠組みはその間当然、ずっと存在していた。その枠組みはしかし意味内容を支配せず、学問的進歩の可能性に関する様々な考慮に制約を与えなかった。中世のスコラ学において発展した論証法の一つに予型論〔新約聖書の内容と旧約聖書のそれを対応させて解釈する説〕があった。ある事柄は別の事柄に対応し、それを指し示し、そうすることで、最初の事柄に直接に付与されていた意味内容とは別のものを推定したのだ。シャルトルのベルナールの命題、そして大聖堂の教会の窓においても同じだった。預言者ダニエルが使徒マルコを支える様を、旧約聖書は新約聖書に向かって前もって予示しているというのだ。こうして新約聖書はいつもその起源と参照の根拠を旧約聖書の中に見出すことになる。

中世におけるいかなる知識仲介も伝統性を特徴としていた。それはしかし、所与の知識内容の保守的な隔離を意味したのではない。逆にそれは伝来の知識から目前のための知識を導き出した。つまり以前のものから発展させたのであり、それによって、新しい、将来の再思考のための道を切り拓いた。中世の学者は、現代の学者のように、認識の進歩を個人的洞察において基礎づけたのではなく、伝統の知識、及びその慎重な解釈との認識の一致においてそうしたのだ。一つの発言に対して、それは古い伝統に由来しているという説明以上に説得力のあるものはなかった。

知識の伝統はその上個人的に考えられていた。思考の更新としてというよりも、昔の人々の思考への接続として考えられた。個人性は伝統性と並んで同時代の知識産出の理解において基本的根拠となった。それに応じて人々は、知識仲介の状況、学校の授業、大学での講義、あらゆる種類の教育を、教師と生徒の人的グループを通して描き出した。この描写は中世全体においてよく知られており、特に中世後期には広く普及した。それは常に同一の描写パターンにしたがっていた。教師は少し高くした斜面机（見台）の向こう側に座り、その机の上には開かれた本が置いてある。生徒たちは机の足元の床か腰掛に座り、教師の話を聞き、自分で本を読むか聞いたことを書きとめている。

教師は自分も教師から習った知識を生徒へ伝え、生徒たちは教師から受け取った。この絵の神学的解釈は、聖書の伝承によると、教父たちがその教えを無償で神から受けたこと、だから教父たちはそれを無償で信者にも伝えねばならい、ということを想起させる。そこから二つのことが生じた。中世盛期の教会改革政策において何回か、つまり一一七九年と一二一五年の第三回、四回ラテラノ公会議で、司教座の大聖堂学校での万人に対する無償の授業が想定された。さらにどの授業形態も、生徒と教師による個人的共同体として、ある教父による教育の基本形から導き出された。教師と生徒は常に閉じられた空間の中で一緒に過ごすのだが、そこはたいてい教会建築のステレオタイプ的な要素が含まれている。戸外での授業は行われない。

そこから、聖人に列せられ、教父として尊敬されたアルベルトゥス・マグヌスが教師の理想像とみなされた。司教服姿の彼が生徒たちに教えている様が描かれた。その生徒たちの中に、聖トマス・アクィナスがいた。後に彼自身、優れた教師になり、今日まで最も有名な中世ヨーロッパのスコラ学者である。

つまり、直接の連鎖において、その教えが、個人的な知識仲介として、同時に伝統の引き継ぎとして、次々に渡されるのである。教師を通して注を付され、補足され、その伝統は、伝承された書物、いわゆる権威、たいていは聖書、教父、あるいは他の定評のある著者の書物に関係していた。学問の進歩は教師の解説による伝承されたテキストの強化にその本質があった。その解説はテキストが将来、書写される際に行間の注、あるいはページの欄外の注として記入されることが多く、いわゆる行間注、欄外注がそれである。

ある大学教授の法学の講義も同じようなパターンで描写された。最も有名なこの描写パターンの証拠が一四世紀後半、ボローニャのヘンリクス・ド・アレマニアの講義である。やはり教師は机の向こう側に座り、開かれて自分の前においてある本を朗読している。生徒たちは教師の前の長椅子に座り、耳を傾け、書き、一緒に読み、何人かは話していて、そして一人は寝ている。現実感覚、時代批判、そして風刺的強調は中世の芸術家たちにとって極めて慣れ親しんだものだった。講義と教育、学校と大学は中世において例外なく、教育内容の伝統と仲介の個人性の表現として理解され、描写された。ごくまれに、設立のための原資料が造形表現の中心にあった。そしてどこにも、現代において通例のような、建物や教育機関はなかった。教師と生徒たちの個人的な共同体がずっと決定的な尺度だったのであり、どの教師か、どんな授業か、ここにどんな内容が扱われているかは、まったく関係なかった。

特に教師としてのアルベルトゥス・マグヌスを使った描写は中世末期における木版画として絶大な人気を博した。そこに示された人間関係の統一性は「教師と生徒」の典型像として特徴づけられた。教師から生徒たちへ向かって「諺書きの帯」がのたうっていることが多い。知識の口頭での伝達を示してい

生徒に囲まれた聖アルベルトゥス・マグヌス．アリストテレスの『動物論』の版による木版画．アルベルトゥス・マグヌスによる注解つき．ケルン，1491 年．

ると言えよう。その帯で言葉による説明が伝達される。「君は偉大で、聖なる教師の教えを受けるだろう」と教師は生徒たちに言い、それをもって自分自身を越えて逆に権威に遡った。その権威の書物で教師は教えたのだ。この描写はそれゆえおよそ一四九〇年以降「アクツィーピエス」木版画と呼ばれ、さらに広まった。

知識の仲介と知識の習得を遂行する過程と、それが行われる部屋はこの絵の描写によると一目したところよく整理されていた。人々の固定されたグループが向かい合って、閉じた空間内で、教えと学びを分かち合ったのだ。中世の知識仲介の始まりであった修道院の授業という古い伝統でさえ、このパターンにしたがって描かれている。修道院の中でベネディクト会修道士が修練士グループの若い生徒に教えている。このタイプで中世初期の同時代的描写はなかった。しかし中世後期において人々は自分達の時代になじみの描写を過去へ戻って反映してはばからなかった。これで再び、現代は長い伝統の慣習によって明らかに基礎づけられた。

同時に人々は、描かれた場面、特に大学環境における場面に従って、「教師と生徒」の絵のパターンの使用を区別した。トマス・アクィナスはますます教師の役割へ向けられ、彼の教えはいっそう知恵への道として描写された。知恵の教え、哲学、そして神の教え、神学が学術的な知識の中心にあった。知恵へと続いた知識は認識の進歩と結びついただけでなく、さらに宗教的な救済知識も志向した。「偉大で、聖なる教師の」教えを受けることは自分の魂の救済にも役に立った。長い間どの学術的知識仲介も教会の空間において行われ、教える人も学ぶ人も聖職者であり、いかなる知識も依然として神学的意味によって定められていた。

大学においてもさしあたりあまり変わらなかった。大学は一二世紀半ばから、中世における知識仲介の第一の場所になった。もはや教会の保有機関と結びついていなかった。しかしながら教授と学生はまだしばらくの間、聖職者のままであった。教える者と学ぶ者の共同体を際立たせた法的な自立と独立はここでも、ひとつの確固とした空間を描写している。伝統性と個人性は依然として知識仲介の一定の特徴であり続けたのだ。

7 コミュニケーションとしての知識

一方で「教師と生徒」のモチーフを批判する人もいた。特に中世後期の都市的な、都市市民的な文化の影響下で、その要求はますます強くなった。知識は当然、社会にとって有益でなければならない、単なる知識欲では十分でない、と言われた。もし経済的に安定した地位にある人が、単なる個人的な関心から、社会には何の役にも立たないが金のかかる研究をするとしたら、「神も世界も無用」だというのだ。特に聖職者に関しては、実入りのいい聖職禄のことを指していた。さらに裕福な市民の子弟や貴族に関しても。

一四九四年に発表されたシュトラースブルクのセバスティアン・ブラントの風刺的な身分批判、いわゆる『阿呆船』の中のある章が「無用な本」について書いている。テキストと絵で彼は、同時代の「アクツィーピエス」木版画が描いたように、生徒たちの前の教師というおなじみのモチーフを取り上げている。しかし彼は教師と生徒の個人的な結びつきを示さず、机の向こう側に座り、本を開いて読んでいるようにみえるめがねをかけた男性を描いている。授業をする教師の徴《しるし》は、ふつうは学校の懲戒権の象徴としての小枝であるが、ここでは風刺的に逆になっている。男は小枝のかわりにはたきをもち、教師の帽子あるいはミトラのかわりに道化帽をかぶっているのだ。彼が道化師、「書物狂い」であることは疑問の余地がない。そして彼の読書も学習も役に立たないからこそそう言われるのだ。彼は一人で机の向こう側に座っているだけで、教える生徒がいない。知識はつまり期待できる仲介の利益と結びついているのであり、だから逆にそれによって教師と生徒の個人的な結びつきを示唆しているのである。その有用性は同時に、認識の進歩、宗教的救済知識そして実際的に役立つ知識にその本質があり得ること、そうであるべきことが、前提となっている。非ユダヤ人環境の中で「ユダヤ人学校」と呼ばれたユダヤ人シナゴーグに対する同様の風刺を生じさせたのは、神学的に基礎づけられた留保と偏見であった。

一五〇〇年前後ころしだいに、「教師・生徒の図」という伝統的な人物・空間構造が生まれた。さしあたり都市環境においてはすでに、もはやラテン語の講義に限定されず、民衆語で授業をする学校が現れた。それは万人に開かれていた。「まだアルファベットの一文字も知らないが、ぜひ最も近道をしてドイツ語の読み書きを学びたいという人がいたら、そういう事情をどうやって書き記せるようになるか、じきにお分かりいただけよう。市民や手工業職人、既婚未婚の女性、若い少年少女など、意思のある人なら参加できる。必要な人はお入りいただきたい。ここで適切な料金で信頼できる授業を受けられる。」このような文章で、一介の教師が一五一六年、バーゼルで自分の授業の宣伝をした。

彼はこの文を板に書いてもらい、家の前に掲示した。それで人々は同時に二つの授業風景を知ること

書物狂い，セバスティアン・ブラントの『阿呆船』による木版画，バーゼル，1494 年.

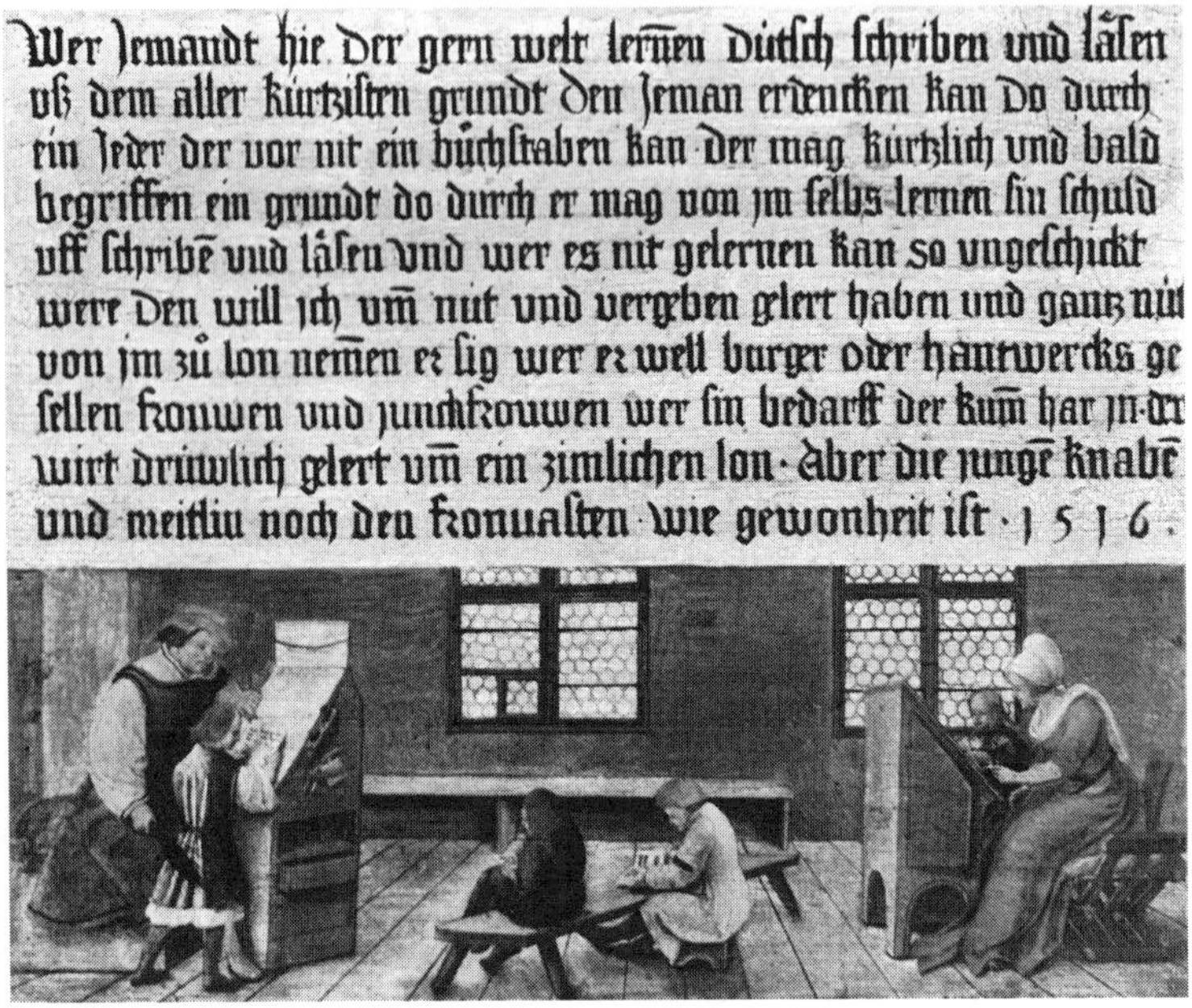
Wer Jemandt hie der gern welt lerñen dütsch schriben und läsen
uß dem aller kürtzisten grundt den Jeman erdencken kan do durch
ein Jeder der vor nit ein bůchstaben kan der mag kürtzlich und bald
begriffen ein grundt do durch er mag von jm selbs lernen sin schuld
uff schribē und läsen und wer es nit gelernen kan so ungeschickt
were den will jch um̄ nüt und vergeben gelert haben und ganz nüt
von jm zů lon nem̄en er sig wer er well burger oder hantwercks ge
sellen frouwen und junckfrouwen wer sin bedarff der kum̄ har jn der
wirt drüwlich gelert um̄ ein zimlichen lon aber die jungē knabē
und meitlin noch den fronvasten wie gewonheit ist · 1 5 1 6 ·

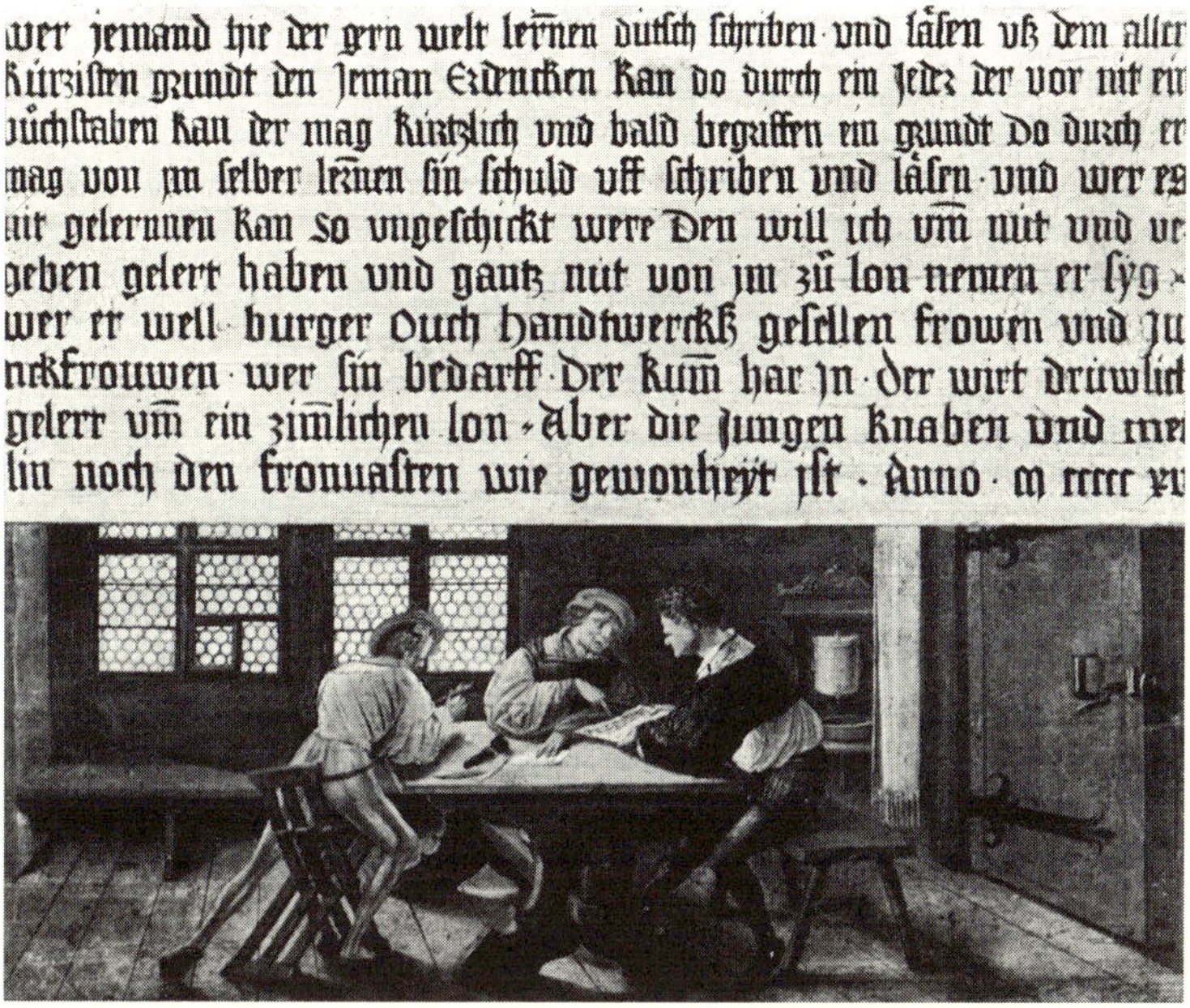
wer jemand hie der gern welt lernen dutsch schriben und läsen uß dem aller
kürzisten grundt den jeman erdencken kan do durch ein jeder der vor nit ein
buchstaben kan der mag kürtzlich und bald begriffen ein grundt do durch er
mag von im selber lernen sin schuld uff schriben und läsen · und wer es
nit gelernnen kan so ungeschickt were den will ich um nüt und ve
geben gelert haben und gantz nüt von im zu lon nemen er syg
wer er well · burger ouch handtwercks gesellen frowen und ju
nckfrouwen · wer sin bedarff · der kum har in · der wirt drüwlich
gelert um ein zimlichen lon · Aber die jungen knaben und me
lin noch den fronuasten wie gewonheyt ist · Anno · m cccc xv

バーゼルのある校長の看板．ハンス，アンブロシウス・ホルバイン による，1516 年．

ができた。一つは教師が小さな少年たちに読みを教え、小枝で罰していて、一方で同時にその妻が小さな少女たちに教えている。もう一つの場面では、教師が二人の成人生徒と一緒に机に座り、読みを教えている。簡素な服から、二人の生徒のうち一人は手工業職人と分かり、もう一人は高価な衣服と身につけた剣から、貴族とわかる。ここにも空間的アンサンブルと教師・生徒間の関係が存在している。

決定的な変化はしかしディテールにある。教師の妻が授業していること、少女、様々な身分の大人のための授業があるということである。特に目立つのは、教師がへりくだって掲示板で授業の宣伝をしたこと、実践的な有用性をその中心に据えたこと、授業の対価として収入のための授業料を求めたこと、さらには、不首尾の場合は授業料を払い戻すと申し出たことである。

教師と生徒という絵画モチーフはとりわけ、高みに坐って戴冠している君主が著者あるいは書記の手から本を受け取っているシーンで再び見ることができる。本書の表紙絵〔原著のこと。訳書では次頁の図と同じものをカラー版で使用した。〕もこういう関連のものである。こういうシーンはいつも空間的に閉じられている。たいていの場合、君主の城のこういう儀式用に作られた空間の中で演じられるのだが、正確な再現のためではないので、ステレオタイプにしか描かれていないのだ。こういう舞台設定も一五〇〇年ころから少しずつ始まった。まなざしは部屋から外の広い風景へと向かうのだが、本書の表紙もそうなっている。一四九五年以降に生まれたパリのある写本が古典的な学校風景を示している。高みに坐っている教師と前でひざまずく若者で、二人が本の受け渡しをしている所である。今ちょうど背景でドアが開き、そこを通って別の若者が入って来る。閉じられた空間的アンサンブルが意味ありげに開かれるのである。

伝統性と個人性は、中世後期に普及した「教師・生徒」像を通して表現された。そしてそれによって、

フィリップ善良公がある「年代記」を受け取る．ジャン・ワケランの写本による．『エノー年代記』，第 1 巻，1448 年．

単なる芸術的表現形式以上のもの、そして単なる典型的な授業風景以上のものが表現された。それ以上に、教師と生徒の個人的結びつきにおける知識仲介が中世の本質的で社会的な秩序モデルを示していたのだ。

すでに中世盛期に発展したイメージとして、このモデルはメーゲンベルクのコンラート（一三〇九〜七四年）によって印象的に描かれている。コンラートは裕福な家士の家系に生まれ、七歳でエアフルトの学校へ送られた。やがて彼はそこで自分の同級生への授業によって生計を立てた。さらにパリ大学で学び、マギステル・アルティウム（学芸修士号）を取った。おそらく金銭的に恵まれなかったため、さらに上級の学位は取れなかった。様々な仕事で何とか切り抜けていたが、常に実入りのいい教会の聖職禄を求めていた。最終的に成功をおさめ、三三歳で極めて声望のあるウィーン聖ステファヌス大聖堂学校の総長になり、数年後、大聖堂参事会員に、おそらくレーゲンスブルクの大聖堂学校長にもなった。

一見やや刺激的な人生行路、しかし、それゆえにこそ代表的な経歴。コンラートは中世後期における多くの教養人を、そして間違いなく学芸学部のマギステル（修士）の多くを代表している。彼を有名にした文芸に関する非常に豊かな著作は、盛期スコラ学におけるように、独自の思想体系の高みまでは達していない。むしろ、当時の百科事典的な知識の収集と、その体系的な秩序づけにこそ発信力がある。この点に関して、まだまだ包括的な研究はなされていない。

自分の体験から彼はパリ大学での大学生活について報告している。アリストテレスの著作の深い知識、自分の時代に広まった様々な観念への独自の省察、そして体系的な理解と、伝承された知識内容の秩序づけへの明白な意志が、彼の仕事に際立った特徴を与えている。コンラートが特に詳しく大学での学問、講義、そして教える人と学ぶ人について述べているのは、まったく彼の個人的観点によるものである。その校舎の基本的な記述は知識仲介のどの場所にも当てはまり、「教師・生徒図」への理想的な説明のように読める。その際彼は、大学での授業について、学校での授業と変わらぬ言い方をしている。要するに、教師と生徒間での知識仲介が問題なのである。

コンラートはこう書いている。校舎はスタッフによる共同体である、教える人とその人から学ぶ人の共同体である、いずれかの学問研究のために留保された家である、と。より印象的なのは、中世の知識仲介の個人性がここからはほとんど把握できないことである。そのためには、それにふさわしい、閉鎖されたものと考えられる空間が使えねばならない、という事実も言及されていない。スコラ学的手法においてコンラートは、その陳述が意図されざる連想と結びつかないようにしている。人間スタッフの共同体としての校舎は授業が行われる石と木でできた建物と何の共通性も持たないのだ。教師と生徒による共同体での学問研究は、別の目的に従う他の人間的共同体とは異なっている。最終的に教師と生徒の共同体は、例えば夫と妻、主人と使用人の共同体とはまったく違う何かである。

共同体とともに知識「受け渡し」の独特の性格が記述されている。教師と生徒間の個人的共同体は、両側が、共通の事前理解、つまり知識仲介行為に先行する予備知識を通して結ばれており、この予備知識を互いに前提としている。コミュニケーションとしての共同体は知識の交換である。その交換はしかし、そのような先行する知識の土台の上で初めて成立し得る。共同体を結びつけるものはコミュニケーションによって生まれるのではなく、コミュニケーション自体であり、それがあって初めて眼前の行為を可能にする。

中世のコミュニケーション理解はそれゆえ、現代のそれとは根本的に異なっている。前者は逆に、行為を通して初めてコミュニケーションが成立し、共同体が生まれる、ということから出発しているのだ。聖体の観念が中世的理解の基礎を成している。聖体の祭儀への参加も共同体への所属を前提とする。この基本原則の結果は極めて幅広い。それゆえ知識仲介のいかなる行為にも先立って、教師と生徒の共通の、神学的に基礎づけられた、秩序立てられた予備知識がある。その予備知識は、伝統と認識の関係と同様、彼らの間の個人的結びつきを包括している。

この観念は別の分野の人間的接触にも転用できる。様々な集団のメンバー間のコミュニケーション、さらには様々な国や支配の所属者間の国境を越えたコミュニケーションは、予備知識が共通で、互いに受け入れられているという認識を前提とする。たとえしばしば、水準の違いがかなりあったにせよ、どの学校も要請に従って、同じ自由七学芸を教えていたので、そのような予備知識は学術的な、ラテン語による教養知識において存在し得た。教育内容によって人々は、どんな場合にも、学術的知識の、どこでも同様に通用する神学的解釈の枠組みを習得した。予備知識はしかし同様に、手工業技術の熟練、あるいは宮廷貴族の交際形式や行動形式の中に、つまり行動知識の中にも存在し得た。人々が理解し合えたのは、行動規則を通して言語的理解の難しささえも乗り越えられる、同じ、ないしは似た知識のレパートリーを使いこなしていたからだった。

学校や大学の授業における知識仲介はメーゲンベルクのコンラートの描写によると、社会的生活の一つの構成要素だった。他のものとは明らかに異なるが、人間によるコミュニケーションの同じ規則に従っている。社会的秩序の規範、神学的解釈の地平、そして知識との付き合い形式、そういうものが、他のあらゆる共同体形式、結婚と家族、家長制、教会、王国を規定したのだ。自分の共同体の秩序や規則を知っている人は、あらゆる他の共同体形式の機能をも理解している。コンラートの百科事典的な手がかりがここで実を結ぶ。彼は、教会と支配におけるヒエラルヒー、聖職者としての別の生活様式、教皇や司教の職と権力、教皇による普遍的な権力要求、典礼の様々な構成要素とその経過を説明している。知識、知識仲介、そして知識獲得は授業としてだけではなく、社会的行為や人間共同体の営為としても理解されるべきものだった。したがって、知識の担い手が誰なのか、校舎内の人なのかには、正確な知識を必要とした。コンラートは詳細に、マギステルと教師の地位と使命を説明し、真の哲学者の権威を強調し、学問の秩序と錯誤、様々な研究方法を区別している。

彼にとっても教師と生徒との関係は依然として決定的に重要である。「教師は家族の中の父のようなものである。その家の共同体に属するあらゆる個人が忠実に従うべき学校の主人である。」古代の神父・家族モデルにしたがって、中世の秩序観念において、家族的服従の理念が形成されたが、それは私的な家族にとっても、支配的結びつきにとっても、一般的に承認された意味規範の一つを提供した。知識仲介の場所と状況も、メーゲンベルクのコンラートによると、やはりそのように説明される。教師と生徒間の人間的な関係と結びつきを越えて、知識の伝統が書きつづられる。認識が可能になり、あらゆる知識欲の基礎を正当化する伝統を失うことなく、知恵が求められる。

メーゲンベルクのコンラートは、新しいものを発見し、未知の思考をあえてしようという意識のもとで書いたのではない。彼は周知の事柄を集め、それを完全に彼独自の功績であった総合的秩序にはめこんだ。しかしながら彼も、著作と陳述をいつも古くからの習慣を指摘したり、伝承された知識内容の伝統を通したりして正当化していた。「教師・生徒図」はすでに、そのような伝統的な正当化は、過去を希望通り解釈し直すということを示していた。数百年にわたる伝統の証明に加えて、中世後期の図は自分の体験を、前の時代の舞台装置という衣装の中へ着込んだのだ。

過去のいかなる話題も今日まで、現実に忠実な再構築と推測された逆投影の間で危ない綱渡りをしている。ルネサンス・人文主義の時代になってはじめて歴史的批判的伝承分析が行われた。中世の人間にとっては、真実らしさに近づいたものが本物とされたのだ。それゆえ書類形式が正しく、法的内容が信頼できれば、文書偽造は末長い成果をもたらした。同じ理由で誰も、様々な過去が正当化の目的から、さらには前もって考えられぬほど古い時代にまで延々と遡られようと、不快に感じなかった。証明できないことを意識して人々は、想定可能なことと真実らしいことを受け入れた。人々が、中世後期の教会立、市立の学校や大学の場合とまったく同じに、中世初期のベネディクト会修道院学校を理解し描写できたということに反対して、いったい何と言えばよいのか。

さらに、本質的な秩序観念と解釈の型は何世紀にもわたる中世全体を一貫していた、という十分な示唆があった。それで人間共同体の聖体の観念は古代後期以来、徐々に発展し、たとえたいていが無意識的でこの概念で表されなくとも、常に接触とコミュニケーションの理解を特徴づけていた。知識の伝承が伝統性と個人性によるものであったことも、古代後期以来、確定しており、幾多の変化はあっても、それがことさらに意識されたことはなかった。同じことが最終的に、知識は、宗教的救済知識や学術的教養知識と並んで、いつもそして同時に使用に関連した行動知識を含んでいる、という事実にも当てはまる。

以下、本書第Ⅱ部では、これまで述べてきたことが前提とされる。以下を読み理解することは、ここまでを読み返すことなしに当然可能である。もし必要ならこれまで説明されたことが事柄の関連に応じて記憶の中に呼び起こされるだろう。しかし、これから記述されるべき年代順の発展経過は中世の観念世界についての構造的な考察が不可欠だし、このことが前提になっている。

今さしあたり修道院の中世初期的な世界を話題にするなら、修道院というものが決して初めからあったのではなく、多くのことがこの世界から伝統の中へ入って行ったということ、その発展と進歩は中世の数百年を通して描き出されるべきだ、ということはすでに明らかになっている。意識して想起され、正当化の根拠として引き合いに出されはするが、中世初期の修道院の学術文化は実際ますます表舞台から退いた。いくつもの時代が変わった。しかし、現在と将来がいつもただ過去という背景からのみ未来へと目を向けることができ、それが巨人の肩の上のこびとである、というような基本的な認識は、ずっと変わっていない。その点で初めて、時代における、そして時代を越えた知識の現実的な力に対する確信が基礎づけられたのだ。

II

修道院の僧房と権力中枢

——中世からの道

九世紀半ば、ザンクト・ガレンのベネディクト会修道士のある挿絵画家が、書写されたばかりのアウグスティヌスの写本に芸術的な装飾を施すべく着手した時、彼は印象的なモチーフを選んだ。傍注で分かるのだが、助祭ペーターが聖アウグスティヌスの手から典礼の本を受け取っている。この聖人はかつてその著作の一つ、『エンキリディオン』を助祭ラウレンティウスに寄贈していた。おそらくこの挿絵画家はそれに触発されたのだ。

この人物配置を選んだ時、画家は完全に時代の精神的視野の中にいたことになる。そうする以外に、テキストと、それにより仲介され、神から与えられた救済知識の伝達をどのように思い描けただろうか。それ以外に、聖なる著者（アウグスティヌス）と自分達の修道院との関係を、はるかな空間と数世紀の隔たりを越えて、どのように理解せよというのか。アウグスティヌスはそのテキストを通して、まさしく肉体的にもザンクト・ガレン修道院にいたのであり、だからこそ修道院のメンバーがそのテキストを言わば彼自身から受け取ったとされる様を容易に描写できたのだ。知の伝統は個人的結びつきによって伝えられたのであり、架空であれ現実であれ、個人的状況こそがそういう事情を同じように表現できた。

聖書と教父たちのテキストの神的なインスピレーションも絵によって表現されるべきものであった。ただし、神個人を描くことなく。再び架空の風景が問われていた。宗教的受領者〔聖人〕に本を手渡すために、あるいは似たような描写において、支配者に冠をかぶせるために、まれに、神の手を天上の雲

助祭ペーターが聖アウグスティヌスから本を受け取る．ザンクト・ガレン修道院の説教集にあるペン画．おそらく9世紀60年代．

書記としての聖グレゴリウス．彼の手書き書簡集の表紙，シトー，12 世紀．

の輪から下方の現世へと伸ばすこともあった。しかしたいていは別の方法が取られた。

二人の配置は更に拡大され、しばしば選択されたのだが、書写する行為を聖なる書物に模写する表現方法にまで至った。書写する修道士の仕事そのものが示されるのだ。彼は意識的に虚構と分かる空間にいる。建築上の諸要素から、修道院や教会建築の輪郭あるいは特徴が見分けられる。「教師―弟子・モチーフ」の描写の場合と同じく、特定の建物との同定ではなく、逆に、示された場面がある閉じられた空間内にあり、その空間が任意の教会施設を意味していることの確認が重要である。

書記修道士はその際、傑出した個人として、たとえば、西洋修道院制度の創設者そして理想的修道士、聖ベネディクトゥスとして示されることもある。彼が書くべきことは――聖書、典礼のテキスト、あるいは宗教音楽のいずれにせよ――高位の人物、理想的には大教皇・聖グレゴリウスから教えられる。彼はいわば独裁者であり、修道院書記局において実際上、書記修道士たちに様々なテキストを口述筆記させ〔diktieren〕、だからこそそういう称号〔Diktator=独裁者〕を持つ機能の担い手となった。

しかし、一連の流れはそれで終わりではない。聖グレゴリウスも自分から口述筆記させているのではない。彼が書記に教えていることを、彼は彼で、その肩の上に止まって耳に語りかけてくれる一羽の鳥を通して知ったのだ。それは聖霊のシンボルとしてのハトである。グレゴリウスが口述筆記させ、最終的に書記が記録することになる内容は直接に神から与えられたことなのだ。神の知へ近づくことに繋がるこうした真の伝統が神自身へ回帰することによって、伝統性の輪が根拠づけられ、完結するのだ。与えられた知識を責任をもって伝達するには、個人性こそがふさわしい。

1　修道院の文化

個人的な結びつき、承継、共同体は中世初期以降、修道院文化の中心的な要素であった。兄弟会リスト、たとえば九世紀のザンクト・ガレンの修道士たちは、修道院の兄弟たちの名を列挙している。今日の研究は、修道院の構成員数と様々な修道院間の修道士の遍歴を検証するためにこそ、それを第一級の重要資料とみなしている。このリストの本来の目的はしかし別のことであった。人々は兄弟の名前とその修道院内での地位や役割を書きとめることにより、共同体というものを描写し、記憶にとどめることができたのだ。共同体としては、そこに生きている人々だけが理解されたのではなく、生きている者と同様に死んだ者も、つまりあらゆる兄弟の持続的な総体が共同体とされた。こうして此岸と彼岸の間に橋が架けられ、中世修道院の自己理解にとって基礎となるべき集団の記憶（メモリア）、つまり回想文化が構築され、維持された。修道院の生活実践の共同性から、最初の学問的手法、つまり講読（レクティオ）が生まれた。聖書と教父たちのテキストを読むことの中にこそ、知へ繋がる認識の道があった。ただし読書は、テキストを理解するとか、ましてや問いを立てるなど、まったく意味しなかった。むしろテキストは権威の言葉として受け入れられ、読み手がそれをそらんじて言えるまで、絶えざる繰り返しによって長く読まれ、それについて瞑想され（メディタティオ）たのだ。音読はその際、修道院の日常行為、たとえば食事の時間と同様、一定の役割を果たした。テキストの共同での聴講、暗記するための講読、つまり修道院流の読書は、共同体の知識伝統に根ざす、完結した、共同の知識という効果があった。

宗教的行為において記憶的な実践は同時に、自分の修道院を越えたところを示していた。故人のために魂のミサを催すことは優先的な宗教的関心事であった。そして兄弟リストの助けを借りて自分たちだけでなく、兄弟となった修道院の故人も魂の記憶の中へ受け入れられた。そして逆にそこでは自分の修道会の死んだ兄弟のために祈られた。祈禱共同体は急速に拡大し、個人的なネットワークとして、ますます広大な空間と地域を含むようになった。

典礼の実践だけが変わったのではなかった。同時に修道士は、この広げられた空間の中で考え、自分たちの習慣を兄弟修道院の習慣分ほど補充することを学んだのだ。宗教的典礼的実践によりいずれにせよ、個々の修道会の知的視野は広がった。修道院文化は本来、文字文化だったので、コンタクトを持つ空間が広がるにつれていっそう、書物の活発な交換、つまり知の輸送が起きた。各修道院は書物を書写するために相互に伝え合い、あるいは仲間うちで交換した。そのため、宗教的救済知識にとって重要であり、この方法で学術的教養知識のレパートリーに入るテキストが選ばれた。

これらのあらゆるプロセスは、旅路と労働時間に制約されたので、時間がかかったが、それだけになおさらその広まりは持続的であった。こうして徐々に、個々の、相互に個人的に結びついた修道院の知識は近似するようになった。一般的に認められた、修道院的学識の知的水準というものが生まれた。それは同時に、伝統に基づいた新たな伝承の受け入れのための、そして、知的状態の絶えざる広がりのための多方面にわたる公明性という結果になった。

修道院の外でも、ますます多くの生活領域がそのような回想文化の持つ維持力によって包括されるようになった。その回想文化は、宗教的背景や魂のミサの遂行に関連づけられただけでなく、共同体に基づき、したがってアイデンティティーを形成する集団の記憶のさらなる様々な分野をも開拓した。それは現に生きている人々とその共同体に独自の歴史的正当性を与えることで、いつも成功した。死んだ家族構成員、公職、役職の前任者はこうしてアクチュアルな意識の中で捉えられ得たし、支配の正当化にとって不可欠な王朝的連続性は、それを証明するに足る表現を見出し、コミューンにおいてさえ人々は、有名な個人に対する記憶をいきいきと持ち続けることができた。共通の記憶による個人性を超えて、同時に、伝承され、人々を結びつける様々な理想像や、今もって影響を持ち続けている様々な注目すべき出来事も想起され得た。つまり、修道士共同体における修道院的理想、あるいはコミューンにおける市民的感覚と共通利益という教えだった。

このようにして中世後期の都市において、重要な基本法の改定、失敗したあるいは成功した暴動、その他の多くのことを、年代記や、毎年一回、市民たちの前で読み上げられた歴史記述の作品を通して、人々は記録しておいた。自分たちを結びつけている自分たちの歴史を共同で聴講することによって、共同体のアイデンティティーが強固になった。この伝統も別のいくつかのものと同じように、特に中世の歴史記述を基礎づけた、中世初期の修道院にその起源があった。修道院の歴史における注目すべき出来事、さらに一般的な政治史、天災あるいは懸念すべき宇宙的な出来事は記録され、その記録を規則的に講読することで記憶の中に維持された。自分たちの歴史に関する知識は必然的に共同の知識であり、その発生と伝承はやはり必然的に記録性を前提とする。続く数世紀にわたる中世が初期中世のお陰を蒙っていたのは、至る所で大きな影響を与えた歴史記述という「発明」とそれによる記録性の本質的な発展だけでなく、記録性と口述性のこういう緊密な噛み合わせでもあった。書かれたものはまさに共同体における講読と聴講によって共同の記憶の基礎になった。個人的な講読は、いずれにせよ修道院においてさえ読解力不足、あるいはテキスト書写の困難さから、困難なものであったが、そういう効果を持ち得なかっただろうし、持ってはならなかったのだろう。共同体的な知識は常に管理、つまり知る価値のあるものの選択を前提とする。大修道院長は、自分の修道院の修道士のために、どの知識が役に立ち、どの知識が有害か、どのテキストや本を他の修道院から借りて書写すべきか、自分たちのどれを他へ渡してよいかを決定した。共同体が共に読み、あるいは読んでもらうもの、修道士が自分で読むものは、厳しい監督下にあった。──だからこそ、この監督を逃れて、禁じられたものを読みたいという誘惑は、繰り返し巻き起こった。一九八二年の有名な小説、ウンベルト・エーコの『薔薇の名前』こそこういう関連について、そして、危険なものとみなされた笑いに関するアリストテレスの失われた本をキリスト教修道士の手に渡らないようにしようとする試みを扱っている。

そういう禁止、特に繰り返し強化された禁止は、中世においてのみ現実のダイナミズムに対する証明となったわけではない。増大する知識欲を制限しようとする、神学的にこそうまく理由づけられるが、実践的にはどうみても効果のない試みは、繰り返し現れた。好奇心（クリオシタス）とは、伝統を自分の力で拡大したい、あるいはいっそのこと放逐したいと思うあらゆる人々に対する非難のことであった。修道士たちにとって知るにふさわしいこと、有害なことが慎重に調べられた。すぐに「良い」知識と「悪い」知識のあることが判明した。後者は「異端」的でキリスト以前のテキストから引き出されたか、やがて正当でない教え、異端の嫌疑のかけられた、単に逸脱した、教義に合致しない考え方に発していた。望ましい知識も望ましくない知識も、両方とも、修道院文化の次第に拡大する接触空間内で、コミュニケーションの道を通じて、いっそう速く広がった。

正当な知識は魂の救済に役立つ、つまり救済知識であり、少なくともそれに矛盾してはならないという規格化された基準は、誰も気づかぬうちに、学術的教養知識の伝統を実践的な期待と結びつけていた。正当な知識は魂の救済に役立ち、不当な知識はそこから逸脱した。修道院文化にとっても、知識の利用方法、つまり、教養知識と行動知識間の緊張関係は決して無縁ではなかった。

高い価値を担っているからこそ高価なテキスト、特に、聖書、教父、あるいは典礼上の伝承資料にはすでに中世初期から装飾が施されたが、これもその一つである。そこで伝えられ、それらによって仲介され、救済と関連づけられた知識は、それにふさわしい形式で表現され、示されねばならなかった。特に物質的にも価値のある装飾され彩飾された写本はそれゆえ、特別な機会にのみに利用され、陳列され、他の場合にには注意深く保管されたままであった。貴金属製の典礼具も同様に扱われた。

2 修道院学校の秘密の場所

様々な年代記から、修道院の盛衰について、兄弟関係のリストから修道院メンバーについて、あるいは修道会の規律から——当初から、五三〇年ころ、それに続くすべての規範となった聖ベネディクトゥスの最初の会則以降——修道院の共同生活の規則について多くのことが分かる。それに対して、修道院における日常生活の別の分野については、いかなる報告もない。修道院学校もそのような分野の一つである。何世紀も後になって過去を振り返った「教師－生徒」という絵画モチーフのみが中世初期をも映し出しているが、それ以上に、同時代の描写はなく、それ以外のどんな種類の表現も残っていない。

八三〇年頃、ザンクト・ガレンの修道院と兄弟になったライヒェナウ島のベネディクト会修道院において描かれた有名なザンクト・ガレン修道院設計図（計画）は間違いなく、初期修道院建築の魅力的で他に類を見ない証拠である。ただしその設計図は、現代の観察者がしばしば見るようなもの、つまり、ザンクト・ガレン修道院、あるいはそれに類した別の修道院の様々な建物、建設プランの真の写し絵ではない。前史はむしろ次のようだった。ザンクト・ガレンの大修道院長が、またもや起きた破壊と必要不可欠な改築措置の結果、広範にわたる修道院の建築計画について議論した後、ライヒェナウ島の同職兄弟の専門知識を思い起こした。つまり彼はそこでどの基準に従うのが最も都合がよいかを問うた。その答えが件の修道院計画（設計図）だったのだ。ベネディクト会修道院の理想的なモデル――まさに理想として、かつ、現実を映し出しているからではなく、統合体としての建築に期待されるすべての要素を、有益で同時に象徴的な秩序と完成度において映し出している理想モデルなのだ。各建物間のそれぞれの意義に合った大小関係、構造全体の調和と均衡、通路の厳格な直線性が、現代の都市計画を思い起こさせる。しかしこれらの独自性は何ら、現実のプランニングを先取りしたものではなく、神による創造秩序の調和の理想的な表象を修道院の建築文化において実現させるべきものであった。ここで、現実的な表現内容として理解してよいのは、全体、つまり、教会、回廊、その他の修道会建築物の中で必要な各部分がイメージとして列挙されていることである。修道院学校もそれに入ったのだろうか？

1 バジリカ
2 写本制作室，2階は図書館
3 聖具室
4 聖餅，聖油準備室
5 回廊，バジリカと接する柱廊部分は集会ホールとして使われる
6 修道院参事会室，2階は共同寝室
7 便所
8 浴室と洗面所
9 食堂，2階は衣服室
10 修道士のための厨房
11 貯蔵庫，2階は食料庫
12 外来者応接の間
13 貧者管理人居室
14 巡礼宿泊所
15 宿泊所用の醸造室とパン焼き室
16 接客係長の居室
17 学校長の居室
18 旅の修道者の居室
19 高貴な客のための家
20 客用のパン焼き室と醸造室を含む厨房
21 客室
22 修道院学校
23 修道院長の館
24 修道院長の館の浴室，食堂，厨房
25 瀉血のための家
26 薬局を含む医師の家と重病人用の部屋
27 薬草園
28 病院礼拝堂
29 病院
30 病院の浴室と厨房
31 修練士の家礼拝堂
32 修練士の家
33 修練士の家の厨房と浴室
34 果樹園と墓地
35 菜園
36 菜園管理人の住居
37 鵞鳥用の囲い地
38 鳥類監視人の家
39 鶏用の囲い地
40 打穀場を持つ穀倉
41 作業場（鞍職人，靴職人，盾職人，刀研ぎ師，皮なめし工，ろくろ細工師）
42 作業場（縮絨工，蹄鉄工，金細工師）
43 修道士のパン焼き場と醸造室
44 粉挽き所
45 脱穀所
46 乾燥室
47 作業場（樽作り，木工）
48 製粉・パン焼き用，乾燥・脱穀・醸造用の穀物倉
49 馬・牡牛小屋
50 羊小屋
51 山羊小屋
52 牝牛小屋
53 奉公人の家
54 豚小屋
55 種馬飼育場

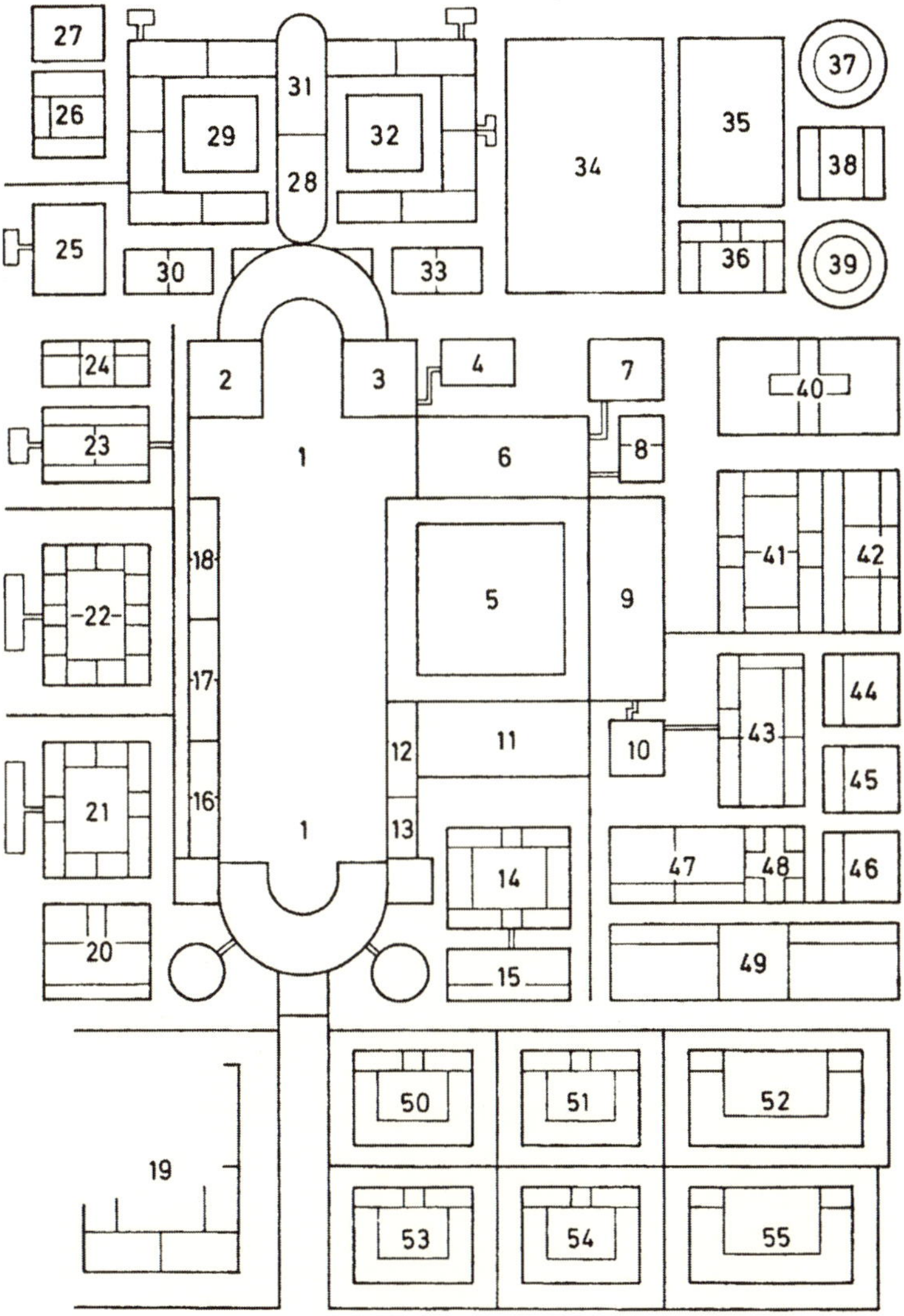

ザンクト・ガレン修道院建設計画の図式的説明.

ザンクト・ガレンの修道院設計図には、ごく幼少時に両親によって神への奉仕に「捧げ」られた子どもたち、つまりオブラーテの学校と呼ばれる建物がある。彼らは、そこで教育され、修道士になるために、就学年齢に達する前に修道院の保護下に置かれたのだ。両親は逆に、たとえば森や耕地という形で修道院に気前のよい贈り物をした。子ども達はそのため生涯を修道院の仲間と過ごさねばならなかった。学校による教育、と同時に修道院的な社会化、つまりここでも、教養知識と行動知識の双方がこの方法になくてはならなかったし、オブラーテの学校、つまり修道院学校はそのためにあった。

そこまでは伝承により疑いの余地なく確かである。しかし、正確に修道院敷地内のどこに修道院学校があったか、一切、述べられていない。書き仕事担当の修道士がたいてい長いすで、薄い光やろうそくの明かりの下で、指示されたテキストを書き写した書記部屋、つまり書斎に関してもほとんど同じだった。この作業が大規模に行われ、それを通してのみ極めて豊富な、多くの面で今日まで感銘を与える修道院図書館の蔵書数が実現したことは、疑問の余地がない。しかし、いかにしてこの仕事が書斎で厳密に行われたか、書斎が建築計画上いかに構成され、特に修道院建築物内のどこに位置していたかも、やはり伝えられていない。まるで学校と書斎によって体現された修道院の知識の保証の意味が慎重に入念に伝承において立証されているが、しかし修道院の中で正確な場所はまったく重要でなく、それゆえそれについて報告されていないかのように見える。ウンベルト・エーコのような小説家たちは空想力を働かせ、考えられるいくつかの答えを用意した。しかし、資料分析が頼りである歴史学にとって、状況からは問題が生ずるばかりである。

しかも、問題はそれだけではない。修道院学校の教師の名を知ること、いや、どんな人物が交代で学校を運営していたかを知ることすら、ふつう極めて難しい。生徒の名簿はまったくなく、授業の内容や方法に関する情報も大してあるわけではない。既述のように、様々な資料のそここで確認できる成果、図書館の蔵書状況、感動的な修道院的学識は修道院文化の質を確信させてくれるが、その日常生活の細部は隠されたままである。

ザンクト・ガレン修道院が地域の枠を越えて知られ、影響力を持つようになっていった千年以上の間、その学校は、決定的で、諸方面で引用された役割を演じた。特筆すべき意義の最初の段階は九世紀と一一世紀の間にあり、例の修道院計画（設計図）もそこに当たる。各建物の位置関係はその計画の中でどのように予定されていたのだろうか。おそらく授業と自由時間のためと思われるの二つの別々の空間から、そして総勢一二人の生徒のための場所から、オブラーテの学校は導き出され、再構成された。空間的にはるかに狭いが、そこから遠くない所に校長の居室がある。教会の北東という両者の位置関係（この修道院設計図は、中世の地図によくあるように上方は東であり、近代地図のように北ではない）は、生徒たちが聖歌の勤めを果たすべき神の家への近さから、そして完全な権利を与えられた修道院構成員のためだけに開放されている教会の南側の部分（禁域）から分離していることで容易に説明できる。

書斎が図書館の上階に、典礼用衣服と一緒に祭式装飾一式の納戸が聖具室の上階にあり、両方の建物部分が教会の後陣のとなりに配置されているのは、同様に論理的であるように思える。典礼用器具と衣服、ミサのテキストとそれ以外の礼拝にとって重要な書物は、機能上と安全上の理由から礼拝の主要空間の近くになければならなかったのだ。

しかし割り当ての難しさはさらに続く。教会の東側にさらなる学校の建物があったはずだと、修道院

写字室の書記．ハインリヒ 3 世の朗読福音書，エヒターナハ〔ルクセンブルク〕，11 世紀．

設計図の現代の研究者の何人かが主張している。これは「学校の内部」であり、オブラーテ、修練士、そして将来の修道会構成員のためであるという。そのような書き加えは原則的に考えられないことはないが、さらなる建物が「外の学校」と理解された、つまり、のちに修道院メンバーとならず、世俗の聖職者になる、いや、ひょっとしたら平信徒のままでいたかった生徒のためのものだった点に、決定的に左右される。文書による伝承の中のいくつかの点が実際、将来の修道院関係者だけが中世初期の修道院学校、ザンクト・ガレンその他の修道院で授業を受けたわけではないことを指摘している。

カロリング朝時代の公的学校の現代的なイメージに都合のよい「外の学校」はしかし、どこにも裏づけがない。

3 修道院の歴史

エピソード風の様々な物語の独特の流れはザンクトガレン修道院の日常生活から生み出された。つまり「ザンクトガレン修道院の歴史（casus sancti Galli）」である。創立者はラートペルトという名の修道士。九〇〇年ころまで生き、初めはザンクト・ガレンの生徒、のちにその教師となった。九世紀の八〇年代までの修道院の年代記として『出来事（*casus*）』を書いた。特に扱われているのは大修道院長であり、その他の傑出した人物、それと並んで修道院の法、そして時代の政治的状況におけるその発展であった。別の生徒で同様にのちの修道院の教師となったエッケハルト（ザンクトガレンの有名な修道士の中でこの名を持つ四人目のエッケハルト）は、一一世紀半ば以降に亡くなったと思われるが、ラートペルトの年代記を引き継いだ。彼自身かつて学校の授業のために、様々な機会用の実用の詩と練習用テキストを書いていた。修道院の歴史を継続することは彼の晩年の仕事で、それにより彼は自分の時代に至るまで報告しようとした。彼が物語りの真ん中で、つまり二世代前の時代で不意に中断したのは、おそらく自発的ではなかった。中世の何人かの年代記作者は仕事半ばで死んだ。彼らの多くは修道士だが、しかしエッケハルトのように総じてここまで個人的に把握できるのは少数のみである。

すでに当時、教養のある修道士にとって年代記を書く様々な機会があった。彼らはそれをラートペルトがしたように、数年後に時代順に整理し、意識的に客観的に報告し、完全性を得ようと努力することができたのだ。あるいは彼らはむしろ、報告することや省くべきことを文学的に構成し、自ら決定することができ、文体上の様々な効果やメリハリをつけて、楽しい物語を作ることもできた。エッケハルトはこの「近代的な」方法を採用することに決めた。まだラートペルトにとって中心にあったように、記録文書からあまり情報を引き出すのではなく、年上の兄弟たちとの会話からより多くを引き出した。彼が獲得し、文書化によってその維持を助けた知識は、書かれた伝承と口頭によるものの両方から構成されていたのだ。年配者の口頭での物語は自己体験について語っていたが、彼らがかつて別の、とうの昔に亡くなった人の記憶から知ったことについてもまた語っていた。その物語はそれゆえ容易に何世代も遡ることができ、歴史を書く助けになり得たが、常に記憶と個人的な評価というフィルターを通してもいた。

共通の記憶における集団的な知識は中世社会のような主として口頭による社会において発展した。エッケハルトによるザンクト・ガレンのように、記録されたのはごく稀である。文書化はその際、中間段階の確認の意味しかなかった。なぜなら集団的に記憶されたものの増大は個人的な体験報告によってとめどなく進行したから。口述は中世全体を通して、文書化と並ぶコミュニケーションと知識仲介の基礎であり続けた。それは同時代の社会における高い文盲率によるだけではなく、教育された環境においてさえ、口頭での語りと記憶に結びついた、公認された力のせいでもあった。口頭での報告の持つ個人性は、書かれたテキストが持ち得ない印象深さを持っていた。危ういこと、秘密なことも伝えられ得たから、人々は——中世後期の宮廷外交においても——明らかに口述での伝達に頼っていた。

口述性も伝統的にある種の正当性を象徴していた。つまり、古くから語られたことは信頼できるとされ、その共同社会の歴史性を立証していたのだ。従って、エッケハルトがもし修道院史の収集家あるいは編集者として身を立てようとしていなかったら、そのように語り伝えられたことは、ある修道院において、時代を知覚することには向かなかったであろう。彼自身が書いているのだが、修道院の幸・不幸についての報告を残すよう、年配の修道士が彼に説得していたことだろう。

このような情報の収集家、記録者にとって、文書的な伝承にも口述によるものにも、まだある種の問題点が残っていた。彼は選び、評価し、有益なものを強調し、無益なものを省かねばならなかった。過去に関する知識や歴史記述の講読の目的はまさに、古いものの中にあったのではない。何かが以前どのようであったかを知るだけでは、中世の読者、聴講者には十分でなかった。彼らはむしろ、あらゆる時代とそこで起こる出来事を人間の世界における神の業として理解することで、過去から現在を把握し、未来を予知したかったのだ。そのために知るのが有益なことを選択するのは、難しく責任のある課題であった。

伝承の中から知る価値のあるものを選択をするために、年代記作者の自己責任による講読が必要であった。おそらくどの修道院年代記も共同の講読と聴講を目標にしたが、それは必然的に、自主的に選び、整理し、構成した年代記作者の仕事場を出発点にしていた。修道士が独自に個人的に読むことは、確かにたとえば大修道院長によって容認されたものという有益で規格化された選択はあったものの、原則的に不可能ではなかった。たとえば四旬節の間の毎日の仕事後の、何時間にもわたる講読のために修道士は、修道院図書館から本を借りることができた。注目すべきことへの論評や印、時にテキスト脇への書き込みは、その種の個人的な読書のあったことを証明している。そのような講読の痕跡の多さと比較して、様々な関心と選択されたテキストの驚くべき広がりが明らかになる。明らかに修道士たちは自己研究のために極めて意識的に、実に様々な伝承を探し集めた。そこから彼らは実践的な目的と同時に独自の関心のために、たとえば学校の紹介、知識ハンドブックを作成した。この時、たとえば古代後期の教父たちによる神学論文のような学術的知識だけではなく、同様に実際的な知識、たとえば造園のような手作業上の技術、詩の蒐集、歴史物なども重要であった。九世紀、ザンクト・ガレンの修道士ヴァラーフリド・ストラボの『手引書』は、その見事な一例である。彼が詳細なコメントを付した『ホラティウス』も同様である。

学術的な講読と口述による報告の結果としての歴史記述は、神により導かれた時代の経過はいかにして理解されるかに関する、神学的に基礎づけられたイメージをいつも前提とした。ここでは二つの観念が貫徹されている。つまり、アウグスティヌス的な特徴を持った救済史と、エッケハルトが修道院史ににおいて基本にした運命観である。後者はボエティウスに由来するが、彼は五〇〇年頃東ゴート王、テオドリックの代理人で、ギリシャ哲学と自然哲学の翻訳家そして仲介者として長い間、特に学校の授業において優先的な権威のひとりだった。九世紀以降、ボエティウスの書物はあらゆる教会学校において高く評価され、のちに学芸学部の講義において論じられた。

修道院学校における授業は修道士的な知識文化の一部であり続け、逆に古代の学術的な知識の仲介に決定的な役割を果たした。聖アウグスティヌスのような教父たちの書物を引き合いに出すこと、それも繰り返し強調し、逸脱する意見に対しては教会的な権威によって関連づけること自体、神学的な教え、哲学的な思考体系、特に、文体上洗練されたラテン語に対して、学術的な知識体系の枠内での古代末期の伝統の、中世全体を通して不滅の有効性を保証するものだった。ラテン語の文法授業にとっての規範的な権威、たとえば、ラテン語学習者が何世代にもわたってその本から文法の基礎を学んだドナトゥスあるいはプリシャンも、〔そういう教父たちの〕代替にはならなかった。中世の生徒なら誰もが、自分の、それもしばしば、学校生活の厳しい規律によって憂鬱なものにされた体験から、それぞれの「体験」を自覚していた。

修道院学校の規律には、現代的な思考には未知で、教授法というよりもむしろ宗教的生活の秩序と関係のある多くのことが含まれていた。それで、生徒が授業中だけでなく休憩中ももっぱらラテン語のみを使っているのが普通であり、そのことは厳罰をもって注意深く監視された。学校とラテン語はほぼ同じ意味を持っていた。民衆語による授業は中世後期の都市において初めて生まれたのだ。その時になってなお教会は、ラテン語による、やはり古典古代に起源をもつ自由七学芸の教養規範における授業に与《くみ》する自分たちの学校主権を守った。

将来の修道会士として生徒たちは初めから、昼夜とも確固たる義務を伴った宗教的生活の様々な要求に関与した。特に、ミサの典礼様式における助手、合唱団員として協力した。日常の学校生活の厳しさに対する象徴的な埋め合わせにすべく、年に一度、生徒の日があった。一つ、二つあるいは三つの異なる暦で行うことができた。この生徒の日は、今日まだ政治的謝肉祭の慣習として知られていることと、多くの共通点を持っていた。様々な現実を疑問視したり変更させたりしようともせず、そんなこともできないままに、それに風刺的にコメントを加えるために、人々はほんの数刻、倒錯した世界を演じたのだ。生徒の日、この日だけ、生徒たちは自由に浮かれることができ、自分の好みで行動できた。しかしそのためにもいくつか規則があった。彼らは高い身分の人、校長や大修道院長あるいはその上、司教の訪問さえ受けた。こういう客たちを彼らは遊び半分に捕らえることができた。そして、たとえば食料品の贈り物という形での身代金を得て初めて、再び釈放したのだ。それらは通常、果物かクッキーなど、ふだん子どもたちが献立に見ることのないものだった。

人気があったのはロールプレイで、独特の方法で学習を継続させるものだった。その際、客は教師の座に導かれることがあり、そこで遊びで、教師が持っていた懲戒権を引き受けることになった。今や生徒たちは、ラテン語、格言あるいは詩を暗誦することで、この教師を自由にとっちめることができた。彼らはそのことによって授業参加で効果を挙げていることを証明し、客から褒賞を贈られた。再び珍しい食べ物、あるいは、将来もそのような生徒の日を挙行し、その度ごとに肉料理を享受できる特権や保証が得られたのだ。

子どもたちが仲間からいわゆる「子ども司教」を決め、その司教が遊びで通例の司教の儀式を遂行し、残りの子どもあるいは修道院の大人をも「罰する」という習慣もロールプレイとして行われた。もちろん、そういう自由、特に宗教上の職務権限の剝奪と大人に対する風刺的な報復は、度を過ごしてはならなかった。中心的で、そして生徒たちの将来の宗教的生活にとって重要な行動規範を習得する点においても、そのようなロールプレイの有効性は、気づかれないながらも存在した。さらに、すでに幼い生徒たちから期待されていたように、共同の食事中、食堂の机で交互に朗読するのも、そういう一例である。

そういう訪問の際、王は褒美として少年たちの口に金貨を押し込んだ。最年少の一人が金貨をすぐに吐き出した。それゆえ王はその子に、君はきっとすばらしい修道士になると話しかけた。学習領域はその際、宗教的な世界に限る必要はなかった。ふつうは修道院メンバーでない高位聖職者としての司教にとって、他にいかなる機会もなかった。修道院学校の様々な件を見守る世俗の殿方にとっても同じだった。今日の生徒は明日の教養ある修道士だったので、両者にとって明らかに、こういう観察をすることには、強い関心があった。人々は司教主体行政において好んでそういう修道士に頼った。彼ら自身それどころか、後の司教になるかもしれない、彼らなしには世俗の支配さえうまく行かなかったのだ。それゆえ、一見、驚くべきことが、実際には驚くに当たらないこともあり得る。ザンクト・ガレン修道院においては王の訪問は珍しくなかったのだ。九一二年、王コンラート一世は生徒の日に参加し、深く感銘し、今後、子ども達に毎年、三日の遊びの日を得させるよう指示した。

修道院への支配者の訪問はずっと例外事項ではなかった。学識ある修道士は王の宮廷でも、司教たちに囲まれている時と同じように高く評価されており、忠告と宗教的な支持を求められた。王は好んで修道院教会のミサと聖体祭に出席し、さらに様々な祝祭に際して、修道院メンバーと社交的なつきあいを繰り返した。支配者の側近の貴族たちはこういう展開を懐疑的に観察し、嫉妬心といくらかの追随精神で兄弟たちに接した。

まさにここで、直接に知〔知識〕と力〔権力〕が接触したのだ。修道院による知の仲介は決して閉じた空間内に限定されたものではなく、宗教的救済知という目的のための学術的な内容といつも関連している、という点が見逃せなくなった。たとえばラテン語の習得は、常に、いや、すでに中世初期においても、至る所で不可欠となった文書を扱う能力を与えてくれた。教会と支配権力はそういう文書能力なしではもはや考えられなかった。彼らは日常行為の遂行のために学識のある人を必要としたが、このような人は中世初期にはもちろん、さらには中世盛期においても聖職者階級のみにしか見出せなかった。今日の修道院学校生の中に人々は必然的に、明日の司教、支配行政と同様に教会管理の文書的専門知識のある人、王の助言者を見なければならなかったのだ。修道院学校において教育されたあの知識の有用性はつまり、当時の社会にとってすでに多岐にわたり、それゆえに計画的に請求され、入念にコントロールされた。

それゆえ生徒の日も、それが実際には司教、あるいは支配者層の訪問によるコントロール下にあったのなら、生徒たちの個人的な自由にとっては、ほんの見かけ上、役に立っていたに過ぎない。それだけになおさら、成人した修道士は彼らの宗教的な生活様式の秩序と、そういう生活の中で出される様々な要求に組み込まれていたし、さらには、学校、書斎、図書館、あるいは知識の伝達において有効とされる要求にも組み込まれていた。

4 出自と知識

ザンクトガレンの修道院史は、修道院生活に適用されている規則に反抗したために、ある若い修道士が陥った困難を印象深く描写している。ヴォロは伯爵の息子で、有能で教養のある若者だった。もっとも落ち着きのない男だったが。自然を駆け抜ける大規模な探索行のために許可なく夜中に修道院を抜け出すことで、彼は過去に何度も、文字通り逃亡していた。大修道院長のあらゆる警告はまったく効果がなく、最終的に彼は修道院の壁から出てはならないとの罰を受けた。学術的能力があったので、ヴォロはそうこうするうちに書斎の書記修道士になった。ある日、彼がまたまた骨の折れる、退屈極まりない書き仕事に専念していた時、例の落ち着きのなさが顔を出した。彼は椅子から飛び上がった。いったいどこへ行く気かと心配して問いつめる他人の叫び声を無視し、鐘楼への外階段を登った。——そこでしかし教会の屋根を突き破って、下へ転落した。彼は致命傷を負い、死して短気を悔いることになった。

この出来事はエッケハルトによって修道院年代記に直ちに、いくつかの理由で報告された。兄弟の生活の印象的なミニアチュールとして、不当な行動と勝手な好奇心に対する警告として、ザンクトガレンの修道士の社会的出自への控え目な示唆として。ヴォロは貴族の出で、侯爵の息子だった。そして学術的な教養を身に着けていて、つまり文学者だった。習得した知識と社会的地位に基づく格づけの両方が彼を際立たせるという、その点でまさに彼は例外ではなく、ありふれた例であった。エッケハルトは要約した。ザンクトガレンには常に自由な出自の修道士しかいなかったが、その中の特に高貴な者が全うな道から外れるのも稀でなかったのだと。

似たことが後のノトカー・バルブルスの報告にもある、やはりザンクトガレンの話である。彼によると、将来の司教、大修道院長、修道士は、貴族の生まれで、道徳的にしっかりしており、学問的な教育を受けていなければならなかった。エッケハルトもノトカーもともに、出自と教養によるザンクトガレン修道士の格の高さを意識して指摘しているが、このことは確かに、どの修道院にも当てはまるわけではなく、その過半に当てはまるに過ぎない。逆に、知識の水準と同様に社会的水準をあまり入念に観察することは許されないだろう。しかし、一つだけ一般的に言えることがある。知的格づけ、学校に在籍したことによる博識、教養状況は中世において、時代を経るほどに、社会的地位の要素になったし、その担い手により成功に満ちたキャリア形成のチャンスを、よりいっそう与えることになった。

しかしながら教養と知識は常に、公認のあるいは高貴な出自に仲間入りするだけの補完的な資格であり続けた。そういう出自の欠落が実際に補完されるわけではなかったが。学術的な研究によって教会の聖職位階制度における大司教の位まで昇進したという農民の息子の物語は神話である。現代において人気のある、教養人の「アメリカン・キャリア」というイメージは、中世の歴史的現実にはまったく当てはまらない。人間の行動のあらゆる可能性は不可避的に前もって指示されている、という想定が当たらないのと同じである。

中世社会は可動性のある能力主義社会ではなく、伝統的な貴族社会であった。そこでは出生時の身分が、宗教的身分に移った人の経歴にとっても、決定的な意義を持ち続けた。修道院史において、ザンクト・ガレン修道院の構成員になるために、出生時の身分と同時に教養と知識が不可欠な前提に数えられているのは、まことに注目すべきことである。つまり教養人にとって社会的流動性は考えられるだけではなくて、不可欠のものだったが、それは一般的な社会的発展の諸条件の枠組み内のことであった。学校、教養、知識の格づけは中世初期の修道院文化以降、社会を闊歩する凱旋行進の途上にあった。そして中世後期の終わりには、教養と知識を使って、そういう格づけなしにはまったく手の届かなかった人生のチャンスを利用できる、より多くの人々を見出すことが、可能となろう。

人々をして自分たちの時代の知識を習得したいという気持ちに向かわしめたのはまた間違いなく、事実への関心、知的挑戦、新しいものへの好奇心だった。それを我々に伝えてくれる報告は極めて少ない。知識を通して人生のチャンス、様々な活動領域への通行証を得たい――たとえば、ザンクト・ガレンで修道院メンバーになる――という期待は、この種の知識欲とほとんど切り離せない。教養知識と行動知識はしばしば、この同じことの二つの面を表している。その点では原則的に、今日まで何も変わっていない。

5 規律の重圧下での知識獲得

学校という道が厳しかったことは、すでに明らかになった。そしてこれは現代においても似たようなものであろう。規律の厳しさと、生徒が父親に対してと同様、教師の下位に置かれたという事実は、今日では想像できない。教師は生徒たちに対して自由裁量権があり、もし彼らが授業を受けた数年後、学校から退学したら、それは「解放」、つまり教師の後見からの解放と表現された。

やはり今日とは違って、修道院学校の授業には教授法に関する構想も、細かいカリキュラムもなく、個々の規律を担当する教師もいなかった。ただ、どのようにして生徒たちに教育的支援をしたか、教える内容を図示したもののみ残されている。九世紀のカシオドール写本のあるページに豹（ヒョウ）が描かれていて、その四本の足は四つの科目を表している。主題と絵の間に直接的な関連はないが、しかしいずれにせよ記憶術上の助けにはなる。おそらくキケロを表そうとしていて、修辞的諸概念の説明が添えられている、やや不恰好に描かれた演説姿のローマの雄弁家も似た状況である。中世後期には、語学と算術の授業において、語形変化と数列の記憶的援助として絵を用いるのが普通になった。

教科書を含む写本において、知識内容を〔人・動物の〕像で表現したものが、しだいに洗練され、大きな役割を果たすようになった。すべての分類がそういう像で模写された。ビザンツの手本に従って描かれた〔マタイ、マルコ、ルカの〕共通福音書の規範図表において、あるいは四つの福音の象徴を表現する際に一般的に使われたのと似た方法だった。マタイの代わりに人間の（あるいは天使の）、ルカの代わりに雄牛の、マルコの代わりにライオンの、ヨハネの代わりにワシの像だった。そこでいつも重要だったのは、受け取られ、次へ引き渡されながらも変更されなかった、知識の伝統的な規範だった。伝統性と並んで個人性、つまり個人による知識伝達もこの枠内で効力を発揮した。そういう個人性のためになら人々は、虚構の絵のモチーフを利用することに尻込みしなかった。

テキストを起草者の権威を経て神的な正当化に帰する、冒頭で述べた書記像もやはり人物像的な再現に他ならず、メモリア、つまり記憶による学習に役立つ知識状況のヴィジュアル化であった。一二世紀、

上段にコルヴァイ修道院の守護聖人たち．足下に写本の寄進者．下段でやや高い位置に坐っているのが教師としてのキケロ．マルクス・トゥリウス・キケロの著作の 12 世紀の写本．

コルヴァイ修道院によるキケロ作品の出版物に、それを示す次のような描写がある。絵の上半分には修道院の三人の守護聖人が見え、その下に写本の寄進者がいる。絵の下半分にはキケロが教師として高い位置にいて、その前に彼の生徒がいる。典型的な「教師・生徒モチーフ」がここに再登場する。

やや大きな学校では数人の助手を伴った校長が、個人的にあらゆる専門分野で総合的な授業を授けた。中心には古代に起源を持つ伝統的な教育規範の伝達があった。自由七学芸である。古代においてその研究は自由人に留保されていたために、「自由」という。中世においてもこの名称は確かに変わらず残り、例外なく維持されたが、しかし以前の意義は失われた。

自由七学芸は三つの基礎的、言語的分野と四つの上級、及び数学的分野、つまり三学科と四学科に分類された。三学科の生徒になりたい者は、前もって読み書きの初歩的な知識を習得しておかねばならなかった。しかし、そうでないことも多かった。それで、校長はしばしば生徒に最初、そもそも文字を教えることに力を注がねばならなかった。文法、つまりラテン語の正しいマスターのための教育は自由七学芸の最初の、最下位の科目とみなされた。それに続いたのが弁証法（中世盛期、後期においてはしだいに論理学と呼ばれることが多くなった）、つまり言語的論証の秩序についての教育、次が修辞学、弁論術である。たびたびこの三分野、つまり三学科が学校の授業プログラムとして要求されたが、実際はほとんど文法の授業の域を越えなかった。

ましてや、三学科のアルティス（芸）に対して四学科のスキエンティアエ（学）として対置される四つの上級分野は、ただ少数の学校においてのみ実際に教えられた。全自由七学芸をラテン語の授業で教えるという要求はしかし、中世を通して、教会の学校運営者によってプログラム的には守られた。彼らにとって、ラテン語の授業を正しからざる者の手に陥らせないことが重要であった。ヘブライ語（もしくはアラム語）、ギリシャ語と並んでラテン語も、聖書が伝えられた三つの聖なる言語に数えられた。そういう主張は確かに、四〇〇年頃のヒエロニムスによる聖書のラテン語訳とそのさらなる加筆、いわゆるウルガタ聖書（「一般的に用いられる、誰もが使える」意のラテン語「ウルゴ」に由来する）がともに受け入れられた時にのみ正しかったが、実際に問題にはされなかった。学校によるラテン語の教授とマスター、それによって可能となる聖書や教父たちの書物の講読は、教会の理解によれば、任意に広がってよいものではなかった。むしろ教会は精力的に、ラテン語の教授は、特に将来の聖職者に対しては、いかなる場合も独占的に教会の学校で行われるべし、という要求を維持した。一一世紀になって初めて、それまで授業以外、生徒の会話でさえ禁じられていた母国語による教育も、学校で検討されるようになった。そうなると、自由七学芸の最下位の分野とされた文法も、神学的に基礎づけられた広範な考察へのきっかけを与えることになった。

それだけいっそう四学科という上位の分野における授業について監視が必要だった。算術、天文学、幾何学そして音楽である。現代的な考え方では、この羅列はおいそれとは理解されない。中世の見解では、これは四つの数学的分野なのであった。それによると、授業の表象となるべき、先に述べた、像として描かれた豹の四本の足が、数学の四つの分野を象徴しているのである。この学問においてはもちろんさしあたり、初期段階の自然科学的方法、宇宙論あるいは人工的で機械的な音楽演奏が問題だったのではない。逆に、四学科としての専門分野はもっぱら理論的分野としてのみ理解され教えられた。それらは調和と比率について取り扱っており、それゆえに神の完全性の様々な表現形式、反映とみなされた。

神の完全性は創造の秩序、数比の純粋さ（算術）、空間の大きさ（幾何学）、星の動き（天文学）、音楽の響きにおいて認識できたのだ。

三学科とは違い四学科は実用に結びつかず、その点ではまさしく教養知識であった。理論的音楽の教師は様々な響きの世界において天球層の調和を認識し、この秩序観念にしたがって正しく作曲することができた。彼はしかし、「実際的な音楽家」として宗教的共同体に属し、ミサ典礼の手はずを整える合唱団指揮者とは関係なかった。「彼は神と人間の知識に同じ程度に通暁し、学生を自由七学芸、特に音楽に導いた」とエッケハルトは『ザンクト・ガレン修道院史』の中で模範的な教師について述べた。

しかしながらそこから学校授業の内外で決して、実用に関係した知識内容が軽視された、という結論にはならない。特に修道院文化において人々は、理論的知識と実践的能力は合体して初めて、世俗的生活における知恵に近づくという目的に到達できる、とずっと意識してきた。

ザンクトガレン修道院の二人の賢い兄弟について、修道院史が述べている。一人は苦行者だった。発声上の欠陥で苦しんでいたが、強い精神力、典礼の祈り、講読、詩作における突出した才能、「聖霊の器」を持っていた。彼は、のちの有名な年代記作者で詩人のノトカー・バルブルスだが、学識ある修道院兄弟のイメージにとってまさしく理想的タイプである。しかしこのタイプだけでは十分でなかった。もう一人は、まぎれもなく行動力にあふれ、いつも信頼できる使者だったのだ。弁が立ち、話し上手で、ドイツ語と同じくらいラテン語に通暁し、しかも特に、非常に巧みなレリーフ作者、画家、そして貴族の息子たちに兄弟たちのもとで弦楽器の演奏を教える実践的な音楽家でもあった。建築士として彼は技術的に多くのことに精通していた。要するに芸術上の名人であった。トゥオティロという名を持つこの兄弟も修道院にとって非常に大きな意義があった。建築家としての活動が広範な施設に対して独自の作風を与えたからである。

もしこの二つの報告を何よりも、短い二重伝記と見ずに、行動知識と同じ程度に教養知識という修道院文化の典型的な表象としての二人の兄弟のイメージと見るなら、エッケハルトという修道院年代記作者の意図を正確に理解することになるだろう。行動知識と教養知識の両方が修道院において必要とされ、教育され、伝えられた。そして両者は等しく神のみ心にかなう作品だったのだ。

修道院が貴族出身の兄弟を優先的に受け入れ、教育を施したことが再び明らかになる。彼らも自由七学芸のラテン語による授業を受け、同時に実践的な演奏のような応用的能力も習得した。しかしそもそも、修道院の中でなぜ弦楽器の演奏が教えられたかは、不明である。しかしここで、修道院における実践的な貴族教育というものが考えられるだろうか。若い貴族は将来の修道院メンバーではなく、ここで単に最高の授業を受け、その後再び修道院を去ったのではないか。彼らは将来の世俗聖職者、ひょっとしたら司教と呼ばれるべき存在だったのか、それともただの平信徒だったのか。適切に立てられ、熟慮すべき魅力にあふれた問いではあるか、明確な答えはない。

明らかにこれに反することだが、理論的、実践的教育のあらゆる学問性にもかかわらず、生徒たちの生活にのしかかってくる日々の規律の影が、彼らの社会的出自とは無関係に存在する。たいていは些細な違反行為に対する殴打の罰について、繰り返し報告されている。エッケハルトの『修道院史』もそれについて述べている。九三七年四月のすさまじい火事は、その『修道院史』が語るセンセーショナルな出来事の一つである。その火事はすぐに修道院の施設全体に広がり、大部分の建物を破壊した。人々は慌しく高価な典礼用の器具、衣服そして書物を救う努力をした。見つけられる限りのものが、火を免れている大修道院長の庭に集められた。燃えていなくても、既に盗まれたものもあった。さらに、大修道院長の庭からも、多くのものが消えた。駆けつけた民衆や修道士たち自身が、修道院の宝物を失敬したのだ。しかしこれらすべて、学校と何の関係があるのか。

いきさつはすぐに明確にされたが、当初はセンセーショナルなものではなかった。またまた生徒の日が挙行されていたのだ。いつものように全生徒に対する赦免があった。しかし次の日、生徒の間でスパイとしてさなきだに嫌われていた監視人たちが、子どもたちが前日、不当にも行ったと称することを、教師の前で列挙した。そこで教師は致命的な誤った決定を下した。全生徒が罰の殴打を受けるべく、裸になれと言われた。彼らの一人はむちを取ってくるために屋根裏部屋へ送られた。そこに木が貯蔵されていた。そこで彼に、救いのアイディアが浮かんだ。焼けた薪をストーブから取りだし、これを屋根の下の乾いた木々の間に押し込み、燃え上がった火をしたたかにあおりたてた。監視人たちがなぜ戻ってこないかと呼びかけたとき、彼は家が燃えていると答えた。すぐにレンガは火に捕らえられ、建物全体がめらめらと燃え上がるまで、その他のことは北風がやってくれた。修道院の建物にとって命取りになったのはつまり、学校規律の行き過ぎた行為に他ならなかった。

厳格な規則の下での生徒たちの苦悩が、――あるいは若い冒険心が――何度もそのような結果を生んだとはほとんど考えられず、いずれにせよ立証されていない。トポス〔文学的常套句〕よりもむしろ教師の厳しさに対する生徒の嘆きが詩の中に何度も現れている。

学校や書斎での日常経験もまた、伝承においてまれにしか書かれていない一方で、書記修道士の苦悩に関するいくつかの印象的な証拠がある。それは韻を踏んだ詩行、繊細なペン画、写本の縁のミニアチュールなどに見られる。明らかに作者やさし絵画家は自己表現のために使える余地をそこに見出したのだ。愛情をこめて描かれた植物や動物のモチーフがいくつかのテキストを飾っている。宗教的そして世俗的高位高官の者を切れ味鋭く丸裸にする小さなカリカチュアの名作でさえ、こうして生まれた。諸侯や司教、皇帝や教皇を地獄の復讐において見る、黙示録的な正義のいくたの場面もこういう関連の中にある。

よりによって、アウグスティヌスの『神の民』の一二世紀半ばの写本において、あるページの何も書かれていない部分に作者の嘆きがある。書記ヒルデベルトゥスは加筆すべき写本を置いた机に向かい、ちょうど使用している羽根ペンを耳のうしろにかけ、羽根削り用、あるいは羊皮紙上の間違った箇所を削除するためのナイフを手に持っている。インクを溜める道具としての羽根ペンや動物の角もやはりこの類い、つまり書斎における書記活動の典型的な風景である。しかしヒルデベルトゥスは通例の型からそれて孤立してはいない。助手である子供のエーバーヴィヌスは自分の低い仕事用の板に向かって椅子に座っている。書記がテキストを作成する一方で、助手は彩色挿絵に取り組んでいる。彼がそこで技巧をこらした装飾の線の模写を練習しているのかどうか、完璧な画家がさらに装飾するのか、あるいはまったく自分で仕上げるのかどうかは、分からない。基礎的仕事の型から、エーバーヴィヌスが大きくて技巧的な装飾法を身につけるには、さらに学び訓練せねばならないことが推測できる。

書記の専門教育についてほとんど何も分かっていない。しばしば彼らも自分たちが何を書き写しているかを知らず、手本が編まれているラテン語の能力がなかった。彼らはテキストを「絵のように」「模写」したのだ。写本、つまり修道院図書館のための贅沢な様式で、常に見事な飾り文字による細密画は、規格化されていた。そして書記はこの規格を学び、身に着けねばならなかった。この実践的技術に精通することは、必須要件であった。それに対し、書記修道士がラテン語を理論的に習得し理解するということは、誰もが完全にあきらめてよかった。これはさし絵画家にも当てはまった。彼らも手作業上の指針を通して、仕事用の技術を正確に操る術を習得したに違いない。エーバーヴィヌスは書記の助手、同時に弟子として、書くことと描くことの現場にいたのであり、書記ヒルデベルトゥスのところで学んだのであろう。

このような情報は、アウグスティヌスの写本にある描写が我々に教えてくれている。しかしそれは本来、全く別のことを表現したかったのだ。つまり、ある感動的な場面において象徴化されている、日々の書記仕事の苦労について報告したかったのである。書記ヒルデベルトゥスは吸い取り用のスポンジで、机の上に座って食料をかじっているねずみを標的にした。描写の上に、彼がねずみに向かって叫んだ言葉が書かれている。何度も怒らせるねずみに対する呪いの言葉だ。

「厳しい仕事は人生を長くする」と写本のすみにある格言は言っている。おそらく書記自身が記入したものであろう。あるいは「書くことのできない人は、それが仕事だと思わない。三本の指が書き、全身が苦しむ」。書記修道士が典型的なかがんだ姿勢で机の前に座っている絵画表現の意味がいまや、いっそう明らかになった。書斎における書記集団の動機と、机に向かって仕事道具を持つ個々の書記の動機は、ともに虚構の空間において、同様に、修道院における知識伝達にとって一般的になった、類型的形式へと成長した。

書記の仕事、つまり活発な書写によるテキストの制作と史料編纂もやはり、高位者たちの訪問から利益を得ることができた。すでに若い学生たちのための学生の日で見られたように。確実に証明できるザンクト・ガレン修道院への皇帝による最初の訪問は、カール三世が数日間滞在した八八三年のものである。博識ゆえに尊敬されていたザンクト・ガレンの修道士、ノトカー・バルブルスは、この機会に修道院に貢献できた。疑いなく彼の協力のもとで修道院は、王の三つの重要な依頼を受理し、その速やかな履行を約束した。『カール大帝業績録』が書かれ、典礼用のテキストが収集され、同様に聖ガルスの生涯に関する対話の本が複写されることになったのだ。最後に皇帝カール三世は、修道院の年代記を、これまでの修道院の歴史の絶頂、つまりこのたびの皇帝自身の訪問に至るまで継続して読みたいと所望した。少なくともカール大帝の業績録は数年後完成した。それはノトカー・バルブルスの文章に由来する。

6　知識政策

一般的な意味でも、また特に、知的交流の場としてのザンクト・ガレン修道院の輝かしい発展は、政策的ないくつもの大枠に対応していた。まさに、カロリング改革の時代であった。七八九年の勅令、いわゆる『一般的警告』においてカール大帝は、自らの大帝国におけるキリスト教的な支配と社会秩序の基礎として、古い教会法を再び重視するよう命じた。

司教たちとの議論や王侯たちの助言によりカールは、極めて包括的な効果は持っていたが、その広範な要求のせいで、政策的な現実になるというより、まだ多くの点でプログラム段階に留まっていたそういう処置を取るべく、決断していたのだ。中央ヨーロッパの広い領域を占めていたカロリング大帝国全体において、様々な法の適用、ましてや、その種の目的を持った遠大な方針を貫徹させようとするなど、初めから絵空事であったに違いない。それゆえ今日に至っても、この『一般的警告』、その他、カロリング改革全体の幾多の法がこの期待に沿ったものだったのかどうか、答えられない。確実に分かるのは、諸改革を浸透させることで、捨てられた伝統への回帰を図り、そこから、帝国の支配と、現在及び将来の安定を導き出そうとする意図だけである。この改革政策が知識を非常に重視していることも、もちろん見逃せない。

たいていの場合と同じくこの改革意識も、当時の状況の悪さへの洞察から始まったのだ。それゆえ逆に推理すれば、綱領的な様々な要請のいずれも、既存の状況への批判と読める。聖職者の側で、儀式についての知識が改善されたことも、決定的な役割を果たした。そのためには、教会学校における、最小限なりとも基礎的なラテン語の教育が必要だった。だからラテン語教育は、学識ある、洗練された弁論術を目指したものではなく、単に、司祭がミサの間、ラテン語による典礼を正しく施行できるためという限られた意図だけで成立したのだ。

聖歌を確実にマスターすることも、同じ目的を持っていた。ミサ典礼におけるラテン語によるコラールは規則通りに奏され、賛歌は天の秩序を反映したものであるから、秩序に則って歌われねばならなかった。学校での音楽教育と聖歌の実践的な練習にも対策が講じられねばならなかった。ラテン語教育における聖書や教父たちの伝承についての入念な研究は、したがって、聖書と教父たちのテキストをよりよく理解するための前提であり、そういう理解は典礼と司牧において不可欠のものだった。

それらを託されたのは基本的に修道院付属学校であり、司教座にある少数の大聖堂付属学校と並んで、当時の主導的な学校施設となった。しかし、カロリング改革にとって問題だったのは決して修道院的な教養ではなく、支配と社会のために学校で伝達される知識という実践的な有用性だった。だからこの改革が目指したのは修道士の教養の高揚ではなく、司祭から主任司祭、司教座教会参事会員を経て、司教に至る、世俗にいる聖職者のそれだった。支配者は、その支配力を効果的、安定的、継続的なものにしたい時、ある意味で修道院や、司教、司祭たちの知識水準を当てにせざるを得なかったのだ。それらに代わる物はなかった。司教座や修道院以外のどこにも、古典古代からの教養の残滓は生き残っていなかった。それが新たに発見され、実践的な知識の中へ組み込まれることになったのだ。俗人はこの方面ではさしたる役割を果たさなかったし、貴族、それに王や皇帝も、ほとんどが読み書きの能力を持っていなかった。

改革の実践的な意図からは、修道士的な学問も大きな利益を得た。年によって移動する教会祝日、特に復活祭を確定するのに、時間の計算を改善することは重要だった。そのためには、基礎的な算数教育、さらには、時間計算の学識ある技法としての学問的な研究も必要だった。惑星の位置と運動の可能な限り正確な知識は、時間決定のために、そして修道士共同体の日々の祈りの時間を計算するためにも必要であり、天文学の入念な研究なしにはあり得なかった。

言語的、つまり下位の三学科〔文法、修辞学、論理学〕的、そして数学的、つまり上位の四学科〔算術、幾何学、天文学、音楽〕という自由七学芸の原則はそのように奨励されたのであり、できるだけそのように形成されるべきものとされた。こうして、要求された改革処置は学校教育の現実にも取り入れられた。基本的な学校教育、洗練された知識こそが求められ、修道院学校の最低学年の授業は学識ある修道士の実験の場に他ならなかった。これらはたとえば九世紀、オセールで、日ごとに移動する太陽の位置決定のために、一風変わってはいるが正しい方法を発展させた。彼らは修道院食堂で、夜明けに日光が狭い隙間を通って部屋の反対側の壁に当る位置に印をつけたのだ。

こういったあれこれの実験のための天文学的な命名や計算、それに、宇宙論や天文学について、古代の文献に注釈や処理を加えることが大いに流行した。ごく散発的でありながら聞き逃せない点なのだが、キリスト教以前の書物を研究することの危険性、それに、神学的、教義的に扱われていない様々な主張と関わり合うことの危険性を警告する声もあった。知識内容の許容性に関する争いは、中世全体を通じてあったのだ。しかしいぜんとして、あらゆる種類の学問的な伝承に対する強い好奇心はあった。西欧の学問全般に非常に大きな影響力のあったギリシャ古典やイスラム文化の受容は、そうしてこそ可能だった。そういう争いがあったこと自体、自己の時代の学問の可能性に対する、様々な前提や制限的な思考方法から解放された関心を示すものであった。支配や権力にとっての自己利害が知識を利用しようとした時、この点に関して寛容さが見られた。有用性が約束されていれば許されたのだ。時として、教会からの異議があって初めて、注意深い処置が取られることもあった。

支配上の利害と知識内容は特に、求める有用性がすでに改革自体の一部である時に、緊密に結びついた。聖書に必要なより良い知識とほぼ並んで、皇帝による改革は支配的な命令に関する確実な知識を必要とした。『一般的警告』もその一つ。ここでは教養的な知識ではなく、実践的な知識の有用性が大切だった。カロリング朝大帝国の政治支配を貫徹するには、管理行為としての諸決定の文書化を少なくとも萌芽的にせよ成功させる必要があった。つまり、特に地方の聖職者が、その現場で、支配的な管理文書を読み、理解し、その内容を正しく次へ伝える能力を持っていなければならなかったのだ。

そのためには最終的に、さらなる改革が必要だった。かつそれは、カロリング朝による全改革政策の中でも最も有効なもの、つまり官房文書の規格化であった。書籍制作の中心地、つまり修道院の写字室と帝国の文字学校が、組織化されたそれぞれ独自の基準の地域的な中心点へと変化する、という事態はもうとっくに一般化してしまっていたのだ。相互の読みやすさと文書的伝統の分かり易さは次第に失われて行った。官房文書使用に当っての習慣や規範は、すでに修道院写字室でも確認できるように、実践的な養成教育を通じて引き継がれた。若い助手たちは「正式な」写字生の下で細密画や書法の技術を学び、いつもそれぞれの規範に縛られた形で、それを当然のこととして次へ伝えた。経験豊かな、年長の写字生といえども、克服困難な障害を乗り越えて新しい規範に身を任すなど、ほとんど不可能だったろう。それが幾世代も続いて後に、様々な変化が広範囲にわたって効果を挙げた。それだけカロリング朝による文書改革は長期にわたって続いた。全帝国に素早く浸透するなど、間違いなく誰も当てにできなかった。

皇帝による改革指示は当面まず、文書のコピーに当ってのいっそうの入念さ、伝承されたテキストと関わる際の言語的、技術的ないっそうの正確さを要求した。地域的な差異は排除されるべきであり、皇帝及び教会の官房における文書は統一性を維持すべしとされた。その成果がいわゆるカロリング朝「小文字」であり、それは文字史的に中世における最初の大きなエポックとなった。地域的な差異だけでなく、それまで多方面で習慣であった「大文字」は、書き易くそれでいて同形の書法に取って代わられた。それは従来のいくたの分化に照らしてみても、お互いの「コンセンサス」を得られるものだった。美的な要求よりも機能的な実用観念とお役所的な効果がこの改革を支えるものとなった。それが貫徹する過程はもちろんきわめて長期にわたったが、例外なく成功した。ゴシック式の小文字という形で中世末期に、初期の印刷の特徴となり、さらに現代の書き方、少なくとも西欧におけるそれを準備した筆記体での小文字は最終的にカロリング朝の小文字に遡る。

支配権力が自分の利害を知識政策と結びつけたことは驚くに当らないし、そのまま現代まで変わらなかった。その限りにおいて、知と権力はずっと関係があった。しかしその際、二つの条件があったに違いない。利害に導かれた知識政策は確かにそれが期待する実用観念を前提とするが、内容的、方法論的に形成された知識伝統とは無縁になる。政治とは、伝統的な基本と新しい認識の両方に基づく知識保管の拡大と仲介を促進するのだ。政治は最終的に、知的な研究の余地を保障することによって、そういう拡大と仲介の能力を確保するのである。こうして例のオセールの「壁の印」以来、多くのことが変わった。支配者から責任を与えられた知識政策の基礎はしかしずっと変わらなかったし、カロリング朝時代と現代の間に様々な深刻な違いがあっても、そういう基礎は好みに任されてはならないと言えよう。

昔からカロリング改革は「ルネサンス」と呼ばれてきた。この改革はいくつかの点で、ないがしろにされていた以前の伝統を取り戻そうとした。伝統性こそその本質的な特徴の一つだった。しかしだからと言って、正当な理由があって「ルネサンス」と分類される中世末期の人文学的な古典ラテン語がしたような、過ぎし古典時代を美化しようとしたわけではない。むしろカロリング改革は伝統の維持、自己

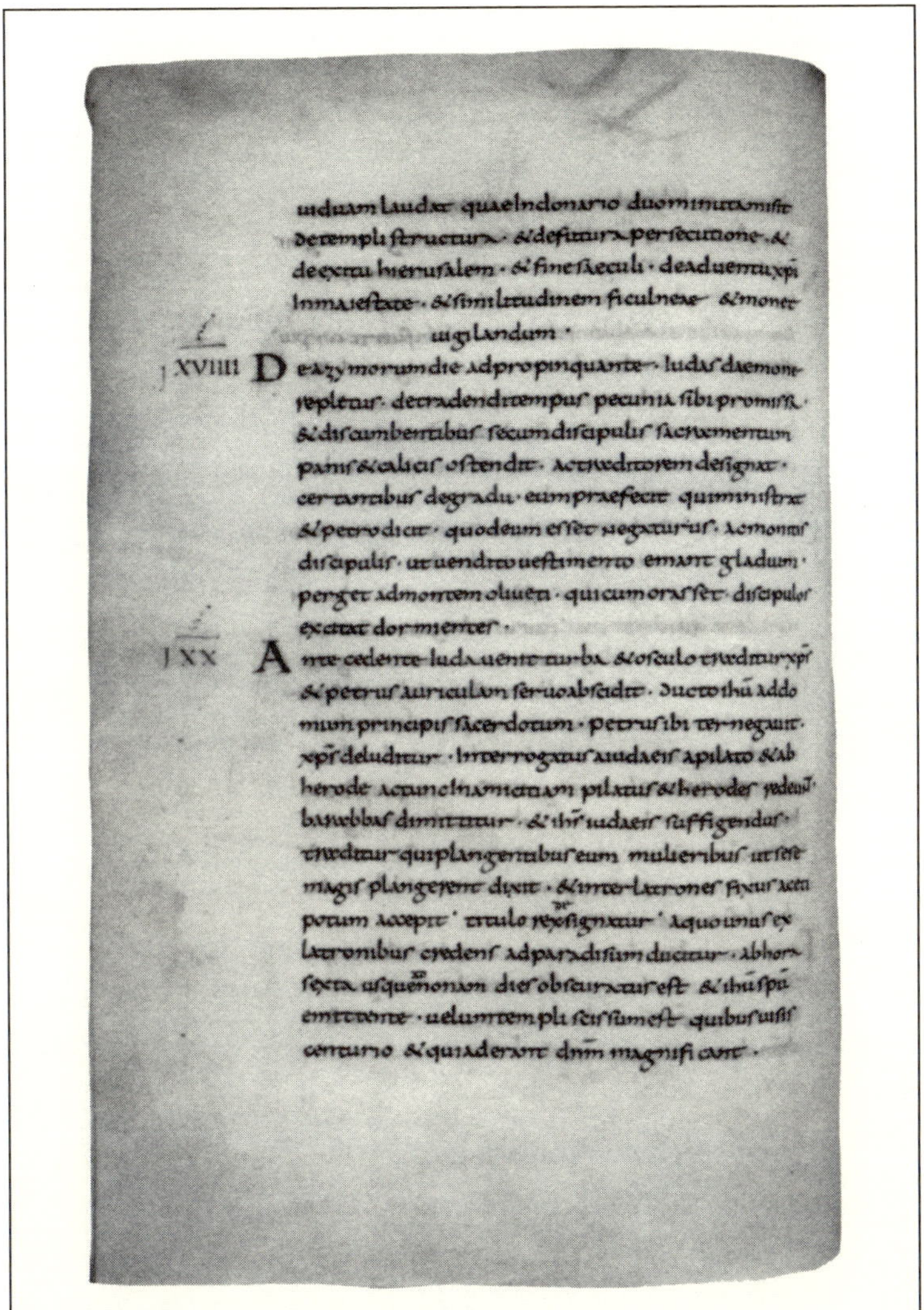

ロルシュの聖福音集，9 世紀.

の知識の拡大と新しい処理方法を達成しようとしたのだ。当時の意識においては既存のものの改革は新しいものを導入することではなく、保証付きのものの継承を意味した。しかし同時に改革は、学び取られた伝統に新しい適用分野を結びつけることを意味した。学び取られた伝統を保持することで、つまり、伝統的な知識内容に恣意的な手を加えることなく、伝来の知識は新しい、自分たちの時代の要請へと仲介されたのだ。

後に、「巨人の肩に乗った小人」という概念で特徴づけられることになったものが、すでにここで明らかとなった。保持されてきた伝統と自己の認識の結びつきである。カロリング改革の極めて多層的な現象に対する統一的な新しい概念なるものはそもそも見つからないであろう。しかし、改革のあらゆる部分で知識改革が現れたことは疑いない。つまり、教授法や知識内容のマスターに関して、学術的な知識を実践的な使用法へと向ける、あのプログラム化された改善である。

改革意識の主導的な基礎概念がその間、神学的に決定された。過ちや地域主義によって汚された編集によるものではなく、正しい編集による聖書の利用によってのみ、ミサにおける正しい儀式の成就によってのみ、正しい形式の祈りに集中することによってのみ、神は正しく、かつ効果的に呼びかけられるものであった。そうした時にのみ、求められた神の助けが保障されると望まれ、期待され得た。そうした時にのみ、皇帝とその支配による保障を求める民衆の祈りは目的を達成し得た。知識とその適用の正当な規範の再現こそがつまり、全改革プログラムの中心になった。まさにそれゆえにこそ、「改良」と「改良の規範」が時代相応の、決定的なスローガンになった。

改革への熱望が皇帝の宮廷を前にしても停滞しなかったのは、極めて首尾一貫したことであった。すでにメロヴィング朝時代にいわゆる宮廷学校は知られていたが、その詳細な構造と機能はほとんど分かっていない。カール大帝の下でこの施設が、新たに宮廷に設立された。学識ある、主として聖職にある男性のグループが支配者を囲んだ。ここで彼は助言を求め、そして得た。こうして、以前そうあったように、皇帝の独断から発するのではなく、むしろ、中心に主導者、改革の担い手としての皇帝を持つグループがあった、と言えよう。

宮廷学校のこの施設は継続して存続はできなかった。他方で、学識ある聖職者の別の組織形態、つまり宮廷礼拝堂（カペレ）があったのだ。その起源は、宮廷でのミサと、皇帝及びその家族のための司牧を担当し、聖マルティヌスのマント（カッパ）にちなむ名称を持っていた聖職者たちのグループだった。この基本的な意味は何世紀にもわたって維持された。そこへさらに、すでにカロリング朝の時代にさらなる重要な機能が加わった。この宮廷礼拝堂から後の司教たちが構成されたのだ。修道院、又は宮廷学校での受講後、彼らは専門知識を獲得し、宮廷での一種の「実践的な追加資格」という形で支配、及び管理に繋がる文書的な行為のための知識を身につけたのだ。司教として彼らは後に高位聖職者というだけでなく、教会の高位の管理者層、同時に、王、皇帝の緊密な身内、その利害の代理人、帝国の各司教区での政策の共同呼びかけ人になった。

帝国における司教を皇帝権力の強力な支持母体の一つと呼んでも言い過ぎではない。学識ある教会メンバーとして彼らは、もちろん必ずしもいつも無条件の皇帝の従者というわけではなく、一貫して、支配者に抵抗する教会の自由の守護者として身を立てることができた。しかしどんな場合でも教会礼拝堂は、皇帝が司教たちをその任命前に知ることができ、その叙任に強力な影響力を発揮することを可能にした。中世盛期においてこの地位は拡充され、学識ある宮廷聖職者に帝国政治への広範な影響力を確保することになった。

もちろん改革作業のすべての面が、文書改革や宮廷礼拝堂の設立と似た効果や継続性を持っていたわけではない。カール大帝を囲んだ学識あるグループが定めたうちのいくつかが取り消されることすらあった。八一六～一七年、アーヘンでの改革公会議はすでに、修道院学校での世俗聖職者と平信徒のための授業を禁じている。知識と権力の間での共生がどんなに緊密で両者にとって有益に形成されようとも、教会を通して伝承された知識が世俗権力の目的のために道具化されるという疑念の下で、それはいつも問題視された。以降、対立することになる二つの地位が生まれた。伝統主義者は専門知識の保存にも関わる教会の自由の守護者として身を立て、改革主義者は支配の有効化のために知識を利用することと、支配者の助言者としての学識ある聖職者の任用を要求した。そこには、知識の促進を通して支配を顕現化すること、つまり保護者の象徴的な意味も含意されていた。

ほんの萌芽的にしか成功しなかったが、改革政策という処置による帝国の空間認識は既にそれ自体、規範を形成しようとの皇帝の意志の表れであった。大帝国は可能な限り、教会的にも世俗支配的にも統一的な管理の下に置かれるべしとされた。しかしこういう「現代的」な目的には極めて伝統的な道具立てでしか近づけなかった。つまり、人間による仲介と拡大である。修道院文化と司教組織の範囲内での、人間のネットワークという使い慣れた道を通してのみ、中央から発せられた改革命令が、広範囲に、各地域へともたらされ得た。

現代的な公共機関制度はカロリング朝時代の知識改革には無縁だったし、他の観点からもそれは、現代的な理解での使用には決して向かなかった。ラテン語の基礎知識が主任司祭を通しても地区の子供たちに伝えられるべしということは、ミサの侍者になりたい子供たちに典礼用のラテン語の中でも最も重要なものを持たせる目的を持っていた。後に司祭になりたいなら、ラテン語の知識の最初の基本が、やはり必要であった。カロリング改革内での学校政策の様々な処置は、当時の修道院での、名目上外部の学校と同様、「民衆教育」とは全く関係がなかった。最終的に、カール大帝の宮廷での皇帝を巡る学者グループの特別な、個人的な状況があってこそ、そこから発した改革は特殊なもの、時代に特有なものとは全く別のものであり得た。

全体の意図がいかにそういう個人的な状況に依存していたかは、カール大帝の死後すぐに、興ざめするかの如く明らかになった。カロリング帝国での改革政策は継承されなかったのだ。当時のヨーロッパでこれに匹敵する改革に手をつけることができた支配者は、二人だけである。アルフレッド大王（八四八～九九年）はイングランド王としてアングロサクソン法の体系的な改訂に手を染め、やはり自分の宮廷学校に学者の集まりを作り、彼らから教えを受けた。彼もまた聖職者育成の憂慮すべき状況から、王国内での学校教育と知識伝達の改革を軌道に乗せるべしとの結論を導き出した。文献言語としてアングロサクソン文化圏の当時の言語を確立したのは、教父たちや哲学のラテン語テキストを民衆語に自ら翻訳した彼であった。こうして、後のイングランド大聖堂付属学校における学問の輝かしい発展の基礎が築かれた。しかし、アルフレッド大王も後継者王の中に彼の改革政策を継続させる者を持ち得なかった。

カロリング朝のカール禿頭王（八二三～七七年）は西フランク王国の王として、改革政策の主導者としてその名を得た中世初期、三人目の王である。カール大帝の伝統から引き継がれた知識状況は、大帝国

カロリング王国の教養施設（8 世紀〜 10 世紀初頭）

■　男子修道院

◆　女子修道院

▲　大聖堂

825 年，皇帝ロタールの勅令によるもの

▼　学校が予定された，あるいは建設されたもの

×　法律学校

◓　写字室，図書室を含む宮廷，学校

◓▲■　ギリシャ語を使った授業が行われた学校

――　9 世紀初頭の協会管区（パヴィアは特区）

○　カロリング王国以外の教養施設

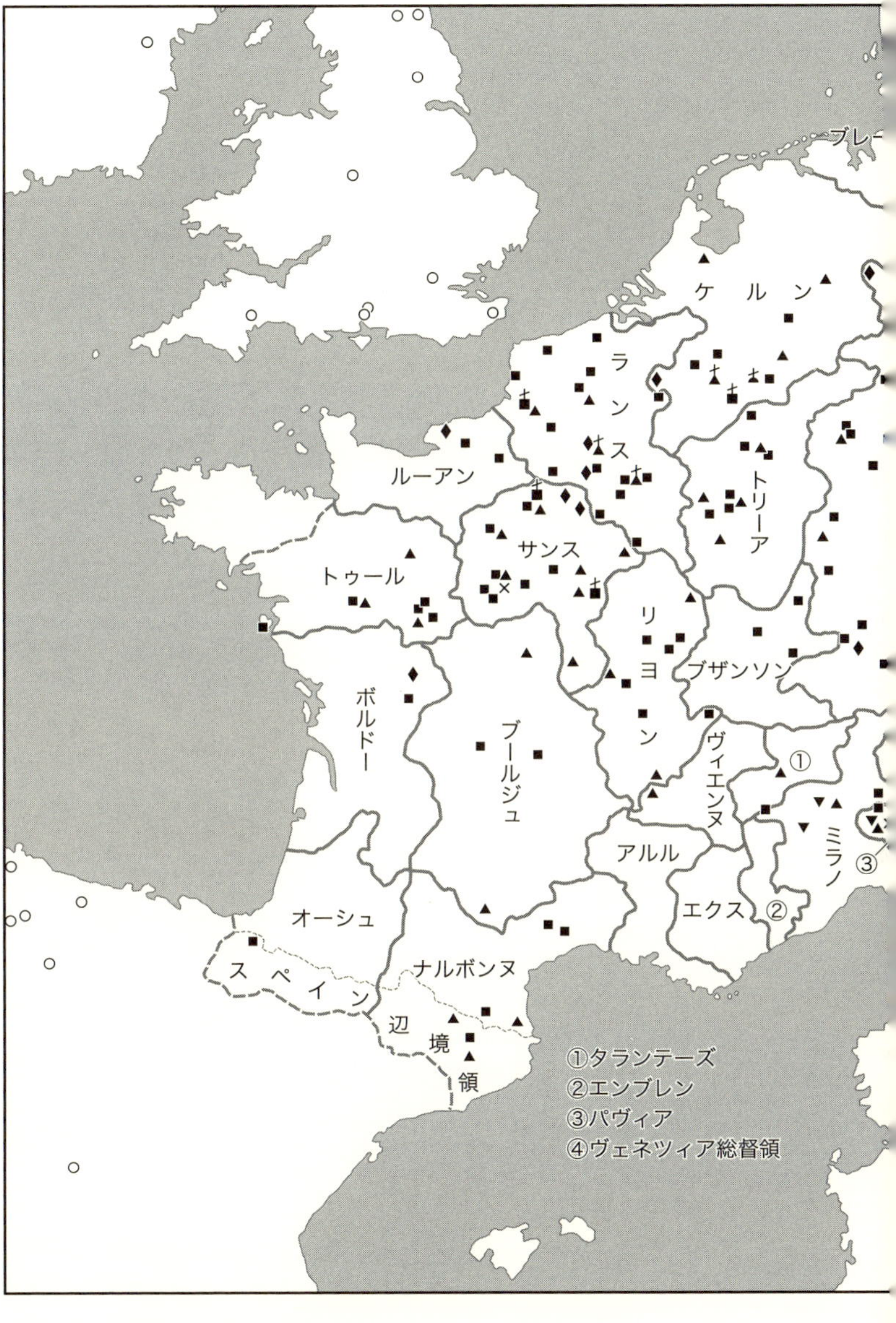
ブレー
ケルン
ランス
ルーアン
トリーア
サンス
トゥール
リヨン
ブザンソン
ボルドー
ブールジュ
ヴィエンヌ
①
ミラノ
③
アルル
エクス
②
オーシュ
スペイン
ナルボンヌ
辺境領
①タランテーズ
②エンブレン
③パヴィア
④ヴェネツィア総督領

の崩壊と帝国の西部分の新たな組織化による政治的変遷からの要請に晒されることになった。こういう困難な前提条件にもかかわらずカール王は宮廷内に宮廷学校を設立し、王国内の修道院写字室での活発な写本制作を組織化し、規格化された正しいテキストによる聖書の豪華写本をやはり規格化された文字で出版することに成功した。

カール禿頭王は、支配者層を改革計画に直接組み込む明確な歩みを、カール大帝とイングランドのアルフレッドよりさらに先まで進めた。ここに構想の過大化を認めることができよう。あるいは単純に政治的不安定に基づく誇張か。典礼テキストへの写本挿画にはしばしば政治的に媚びた強調が見られる。八七〇年ころのメッスの秘跡具には同時代の衣装を着て二人の大司教に囲まれた王が描かれている。天から神の手が舞台まで伸び、王に直接に戴冠しているのだ。王の姿にはカール禿頭の自己表現が見られる。二人の大司教は間違いなく、王の有力な助言者、メッスのアドヴェンティウスとランスのヒンクマルであろう。彼らは支配権の事実上の認定者として、空想上の戴冠場面に組み込まれているのだ。

高い教養があり、八八二年に没したランスのヒンクマルは特に当時の教会政治の重要人物だった。彼は明確に西側王国の利害において、かつ、壮大な支配意識をもって行動した。彼による重要な書物が残されている。『国家の構造について』と題された神学的に重要で、歴史・政治的に議論の多い年代記、あるいは、『王の人格と職務について』と題されたカール禿頭王のための「君主の鑑」である。

ヒンクマルのテキストはその後も影響力を持ち、西フランク王国史の範囲内だけでなく、この種のものの中でも非常に印象深い証言の一つになっている。彼はフランケン・フランスの政治秩序とその広報活動の設立者といえる。しかし、カール禿頭王とその助言者グループの下での知識奨励も一時的なもの

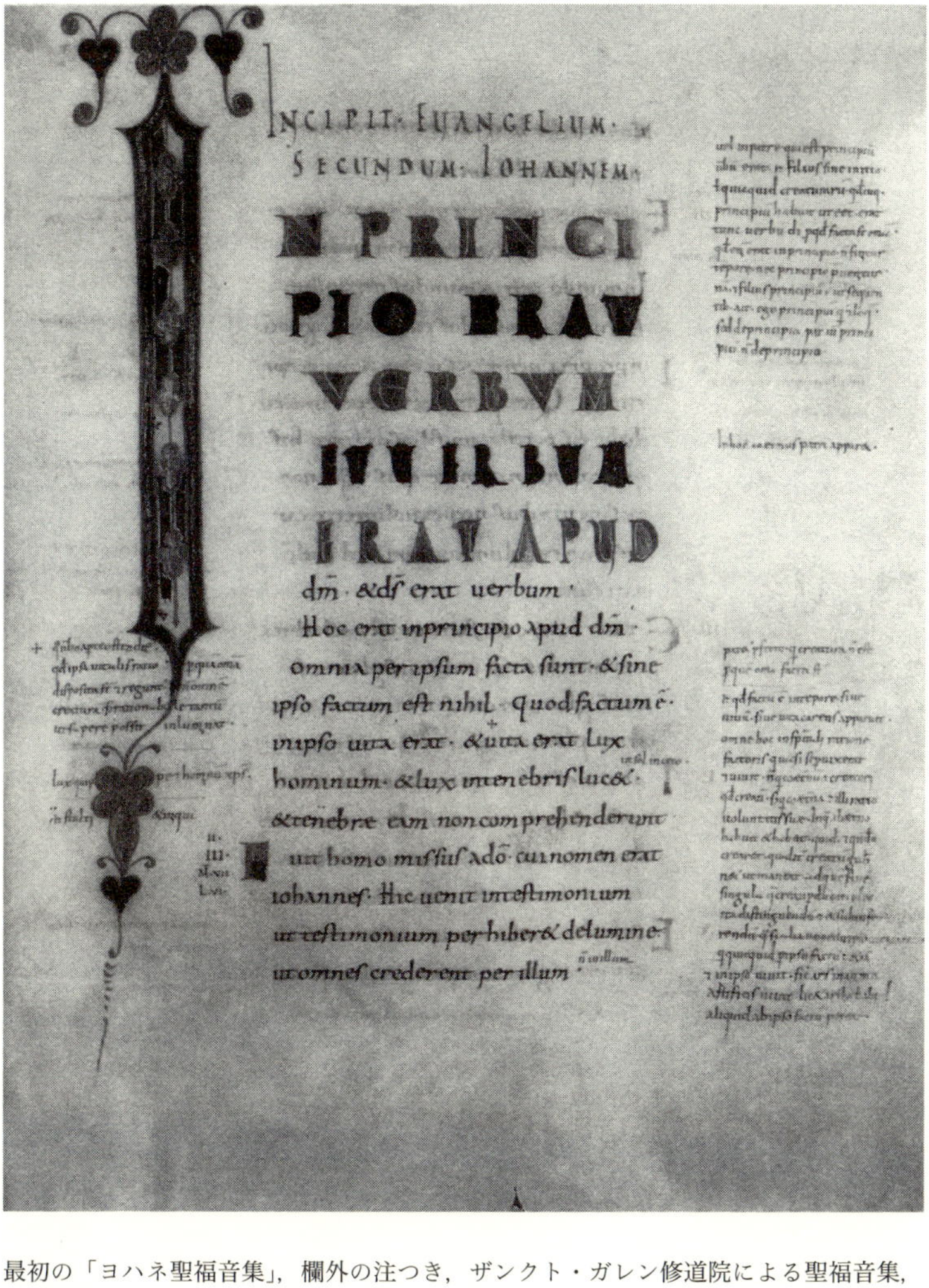

最初の「ヨハネ聖福音集」，欄外の注つき，ザンクト・ガレン修道院による聖福音集，9 世紀．

に過ぎなかった。明らかに個性と個人的に仲介される伝統という条件が強すぎ、世俗支配と教会における人間相互の組織の制度化がほとんど実現されなかったのだ。

7 知識の空間

知識拡大の道と空間は領主的、特に教会的組織の諸条件に制約されていた。それゆえ既に早くから、やがて完璧な形の中央集権化に向かった西フランケン・フランス君主国と東フランケン・ドイツ帝国の間には様々な違いが表れていた。後者は一〇世紀のオットー帝たちの下で新たな皇帝権が試みられたが、中世を通じて一度も政治的中央集権には至らなかった。当時の知識文化の発展と拡大の条件がそれによって必ずしも不利になったわけではないが、明らかに違うものになった。

東フランケン・ドイツ帝国（一〇世紀以降は同時にローマ・ドイツ帝国）はしだいにマインツ、ケルン、トリーアの三教区に分割された。この三つのライン大司教座の主は最初から宗教上の機能の重要な担い手であり、やがて皇帝選者グループのメンバー、最終的に一三五六年の黄金勅書で任命された選帝侯になった。一三世紀以降すでに彼らは宗教上の選帝侯とされ、その政治的な威力は明らかに、基本的に帝国における全司教団に相当するものを示していた。つまり、教会と世俗の権限の緊密な個人的ネットワークと、帝国の政治的構成における教会側からの行政的、地域支配的な影響力である。

教会関係施設内での知識仲介の条件と形式にとって、そして教会の高級ポストの人間への教養養成にとっても、この関係は非常に重要な意味を持っていた。修道院学校や司教座の大聖堂付属学校での世俗の聖職者のための、あるいは将来の司教の教育はどこでも、伝統的な自由七学芸の規範に従ったものであった。その教育は同時に行政的、機能的な知識を仲介する、つまり、文法の教授から管理と支配のための文書の理解と実行への橋渡しをする役割を持っていた。将来の高位聖職者とともに、教会管理の高位の指導者も同時に教育を受け、将来の任務の準備をした。

司教をも将来の役割へ向けて社会化するということのために学校による教授と行政的な修練とが結びつけられたということは、司教職の政治的意味という意識において、教会にとっても支配者にとっても同じく重要なことだった。この社会化は本質的に、宮廷礼拝堂の枠内で、つまり宮廷にいる支配者個人に直接接する中で完成されたのであろう。学識ある教育、実践的な行政教育、機能的社会化の歩みは学校と宮廷の共同作業によって、それにふさわしく特徴づけられた。個々の点で、この共同作業がどのように見えたか、特に、管理に関する養成教育がどう成就されたか、これ以上には説明され得ない。

カロリング大帝国の拡大とともに、その後は後継国家の強化とともに、領主支配的な、教会的な空間観念の枠が与えられた。修道院と司教座が地上を覆うとともに、個々の国家の範囲内での修道院と大聖堂の付属学校網が生まれた。その網はネットワークを通して集中部分、濃密地域を形成し、ある種の「学校風景」を生じさせた。こうしていくつかの地域的な中心地が生まれたが、個々にはまったく超地域的な賑わいを見せることもあった。学校のランクと評判は学校長の影響力と彼によってもたらされる内容、又は優先される学問方法によって決まった。カロリング大帝国の時代にベネディクト会修道院学校の主導の下で生まれた学校と学校風景の同種に統一されたネット網は、この後、二度と発展することはできなかった。個々の国家が別々に発展するにつれて、教会施設とその学校の拡大状況も違う形を取った。しかし基本的には領主支配的な組織形態と教会的なそれは、広範囲にわたって似た構造を持っていた。特に、政治的・機能的な知識要請はカロリング的な伝統の基礎の上で、そして現実的な個的利害に応じて共通していた。

そもそも学校はそれ自体として理解されていたのではなく、その宗教的な担い手の施設の一部であった。それらの間のネットワークも当初はそこから説明された。それはいつも国家の枠を超えることができた。その上、まだ制度的なコンタクトはなく、個人的に仲介された、よく維持されたそれしかなかったので、担い手の施設から独立した、学校間のコミュニケーションは個人的な条件によってのみ説明される。教師間の関係、たとえばかつて共通の学校担当で生まれたものとか、教師と、他の学校に移って自ら教師になったかつての教え子との関係などが、学校間の個人的なコミュニケーション網を担っていた。

8 大聖堂付属学校

オットー帝たちの下での神聖ローマ帝国における地政学的かつ後に大きな影響力を持った重点移動は帝国内での顕著な学校風景の移動によって「跡づけられ」た。カロリング朝支配のいくつかの中心点から、帝国の北東部、つまりザクセン大公国の中心への移動である。支配の空間的な集中化は教会組織の中心を、それに伴って知識仲介の場所も自らの下へ引きつけた。マクデブルク、メルセブルク、ハルバーシュタット、ヒルデスハイムがオットー朝権力圏の中心における司教座として、学校教育と学問の基準的な場所になった。同様に、少し後、イングランドでは一一世紀以降、フランスでは一二世紀以降、教会組織と顕著な学校風景の形成にとって決定的な影響を及ぼした政治支配的な集中化が進んだ。

さらに重要な過程がそれと結びついた。知識仲介の主要な場所としての、大聖堂付属学校による修道院学校の漸進的な解消である。中世全体を通して修道院は存在したし、同時代的な知識仲介への影響力を完全に失うことはなかった。しかし中世盛期以降、有力な施設としての大聖堂付属学校によって次第に押しのけられたのだ。そこでは二つの理由が決定的な要素になった。ひとつは、領主支配と司教層間に新たに発展し継続した結びつきであり、もうひとつは政治的、及び学問的な影響に対する、いくらか大きくなった公開性である。

隣近所にある修道院学校と何ら変わる所のない大聖堂付属学校がもっぱら教会の担い手の施設と考えられたのは疑いない。経済的にもスタッフ的にも大聖堂参事会の施設と結びついて運営されたのだ。この施設の聖職者共同体はもはや教団組織ではなく、メンバーが経済的にしっかりした教会禄（プレベンデ）で養われる参事会員共同体だった。基本的にこの教会禄は終身のもので、権利者の死後になって初めて新たに更新された。学校長、スコラティスクスは地位にふさわしく支払われる教会禄を自由にできた。校長としての機能は校長の教会禄次第であり、その逆ではなかった。

大聖堂付属学校の教師スタッフは修道院学校のそれとは別に区分されていた。校長のほかに、教師と助手がいたのだ。全体的により密な伝承に基づいて、その種の専門化は修道院文化に対してよりもはるかにはっきりと証明されている。教育活動のいっそうの自由と機能化には負の面も結びついていたのだ。修道院学校の校長がいつも自ら授業の指導をしていたのに対して、大聖堂付属学校長は自らの機能行使を他に委ねることができた。学校運営は校長の教会禄次第だったので、この教会禄を譲られた者の学識評価がもっぱら注目されたが、後になればなるほど、元来は大聖堂参事会員組織のものとみなされていた学校運営機能の個人的な行使の責任を負わなくなった。中世盛期には広範囲にわたってそれへの固執があった。中世末期になって初めて大聖堂付属学校長の個人的な任務受容はますますなくなって行った。学校長は自己負担で自分に代わって学校運営を任せる代理人を雇用できたし、既に当時の批評家たちが、関係者の知識水準が必要な基準に合致していない、と批判している。

対抗策として、かつ、同時に進行する発展において、特に大聖堂参事会は学校長だけでなく、すべてのスタッフにできるだけ広範な学識を重視するようになった。一四、一五世紀には大聖堂教会禄の継承者は二または三年の大学研究課程（ビエンニウム、トリエンニウム）を了《お》えているべし、というのが普通になった。参事会員の学識水準がそもそも参事会学校の利益になっていなかったのだ。参事会員自身は、教会ヒエラルヒーの中での身入りの良い教会禄へのチャンスがますます改善されることで、そこから利益を得たし、支配者も利益を得た。

彼らが宗教教団の規範的な組織に組み込まれていなかったということは、参事会員たちに、知識内容の形成と仲介に関する支配者の期待に応えるに当って、修道院文化の関係者にとって可能だったよりも、はるかに広い自由の余地を与えた。大聖堂参事会員と支配者のスタッフ的な結びつきにとっても、参事会員の生活設計におけるより広い自由ははるかに良い条件を提供した。支配者にとって、学識ある、そして聖職者として信頼できる人の助言は昔から求められ、常に支配の支えであったのだが、そういう人物が今やもっと広範囲に手に入るようになったのだ。特に、参事会員に対する場所的拘束は教団関係者のそれと比べてはるかに緩く、このことは特に、神聖ローマ帝国における旅行支配の諸条件の下で、重要な意味を持っていた。

八世紀、メッスのクロデガングは大聖堂参事会員のための生活規則を導入したが、彼らの聖職者共同体は、それまですべての修道士共同体を拘束していたベネディクト会則にもはや則していなかった。一〇世紀に大聖堂付属学校の優位が始まり、それは一一、一二世紀の新しい学問的な発達に繋がった。そのうちのいくつかはヨーロッパ規模の意義を持ったが、それはそれで、一三世紀以降、各地の大学に追い越されることになった。

修道院付属と同様、大聖堂参事会付属学校も一般的に構想されていた。授業内容も基本的に変わらなかった。相変わらず自由七学芸が教授内容の規範だった。しかし大聖堂参事会のための学校教育は最初から、修道院付属学校の場合よりもはるかに実践的な行動知識をも目指していた。聖職者のよりよい教養水準を達成すること、特に、カロリング朝改革でも希求されたような儀式次第との関わりや司牧におけるより確実な知識が、クロデガングの大聖堂参事会規則の意図になっていた。教区、司教区管理におけるそういう教育を受けた大聖堂参事会員の可能な限りの利用、司教職と王宮での助言仕事のために学識ある、かつ実践的な知識を通して与えられた彼らの資格は、常に参事会員文化の水準にあった。

うまく構成された参事会における会員組織はそれ相応に魅力があり、大いに期待された。その学校に通うことも、もちろんそうだった。修道院学校の場合と比べて、生徒の応募範囲がはるかに広がったのは偶然ではない。大聖堂参事会に対して初めて、世俗聖職者だけでなく平信徒も含めた授業参加が確認されている。そういう生徒層の社会的な始まりは、貧しい生徒たちが授業参加者の少なからぬ部分を占めることに繋がった。ここでも、伝承不足のために、修道院学校との比較資料がない結果になっている。後者にも間違いなく貧者の生徒はいたであろう。修道院学校に対する、教団の若手層のための内部学校と、その他の生徒のための外部学校への分裂という問題はしばしば議論されながらも証明されていないが、その分裂は一〇世紀の大聖堂付属学校に対して初めて明確に確認される。しかしその分裂は継続せず、盛期、特に後期中世の「通常形態」はあらゆる生徒への共通の授業だった。参事会、あるいは大聖堂学校で初めて、将来の参事会員と、部分的には、生徒ながら既に教会禄を受けている生徒、将来の世俗聖職者、または平信徒として通学のために他の形の経済援助を受けている生徒、最後に、定期の学費を用立てられず、貧乏生徒としてその代わりに追加の援助奉仕をせねばならない生徒、そういう生徒たちへの明確な区分が生まれた。

聖歌の合唱は全生徒の固定的な、規則的な義務だった。しかも、貧乏生徒にとって、そのための時間はかなり長くなる。さらに彼らは、ミサ助手として、そして必要な手仕事に加わらねばならなかった。参事会、及び大聖堂付属学校の全生徒にとって授業参加はしかしながら、人生のチャンスの改善を約束したに違いない。出発状況と可能性に応じて、大きな違いはあったが。より高い教会貴顕への、支配者の宮殿への道は、将来の大聖堂参事会員として、援助奉仕に煩わされずに授業に参加できるだけの、そして、後に研究旅行ができるよう、教会や宮殿での奉仕をせずにすむだけの、それに合った道具立てを最初から使える者、そういう者に対してのみ開かれていた。

9 学校、授業、学問

聖職者階級の教養水準を引き上げようとの願望は当時の社会の広い層に大いに受け入れられた。一一世紀の改革教皇庁、特に、後にこれ以上にない確信をもって司教と支配者の緊密な結びつきに反対した教皇グレゴリウス七世はまず持続的に新しい学校を奨励した。各大聖堂に一つの学校を置くべし、教皇はそう要求した。その際、彼は教会学校での平信徒のための授業は全く考えていなかった。大聖堂付属学校の生徒は何よりも聖堂参事会員、そうでなくてもその他の世俗聖職者になるべし、とされた。こうして、各参事会の関係者以外の聖職者のための参事会付属学校での開講が正式に可能になった。

中心には将来の司教の教養水準を巡る配慮があった。その水準は同時に学識であり、かつ、後の管理仕事に向けて実践的に組み立てられているべきものだった。「司教区民聖職者の学問ではなく養成」（ヨアヒム・エーラース）が求められた。貧しい生徒が授業に参加する可能性も今や完璧に引き上げられた。一一七九年の第三回ラテラノ公会議は、要求のある場合、各大聖堂参事会は貧しい生徒の無償の授業のための教師を用意すべし、と決定した。

各王国・帝国で独自の発展があったために、今や、あらかじめ一般的に決まっていた基準は全く別々の展開を遂げることになった。東フランケン・ドイツ帝国ではオットー帝たちとザリエル朝の時代に皇帝による教会への、それに伴って大聖堂付属学校への極めて広範にわたる影響力行使が生まれた。北東への地域的な重点移動だけでなく、その政治もまたカロリング朝の伝統に反する改変を意味した。その政治は生まれ来る帝国教会の、そして宮廷と帝国司教団の緊密な結びつきの本質的で持続的な要素を形成した。宮廷礼拝堂はすでに早くから、支配者と直接的に結び付いた位置にいる将来の司教たちの養成手段とみなされていたのだが、今や歴史的に最大の意味を獲得した。世俗の従士たちの忠誠心不足を経験したこともあり、また、支配者の個人的な好みで雇った、相続問題のない、学識ある司教層の信頼できる忠誠心、という観点からも、オットー一世（大帝）とその後継者たちは帝国教会を支配のためのスタッフ的な基礎にした。彼らによる大聖堂付属学校の明確な進歩は間違いなく授業の改善にとって好都合だったが、支配領域における教会組織に対する皇帝たちの根深い、中央集権的な影響力行使をも意味した。

これに対して西フランケン・フランス王国では王たちは確かに、すばやく、かつドイツ帝国では想像できないほどの規模で支配権を確立し、君主国を中央集権化することに成功した。しかし彼らはカロリング朝の伝統において、教会組織への広範な介入から手を引いた。イングランドでも似た状況だった。そこでも一〇、一一世紀に修道院学校に対抗する大聖堂付属学校が確立した。それはドイツ帝国の場合と比較して明らかにいっそう独立した発展を遂げた。帝国教会に対応する組織形態は存在せず、地域的なアイデンティティーが教会の中央集権化の傾向に対立して強化された。それゆえ、知識仲介と学校風景の場所を通して見た空間イメージは東フランケン・ドイツ帝国とは全く別の状況下で発展した。大聖堂学校はフランス王国では（イングランドと同じく普通「カテドラル学校」と呼ばれた）王国の空間的な中心部分で生まれ発展した。フランス王国の北東部、イル・ド・フランスではランス、ラオン、シャルトル、さらにオルレアン、やや控えめにパリである。イングランドのカテドラル学校はたとえばエクスター、ヨークで生まれた。

参事会、大聖堂、カテドラルの学校のすべての立ち位置はそれぞれの司教団組織に組み込まれていた。それによって教団、あるいは修道会との結び付きから解放されたが、今やまた、司教所轄の新しい秩序形態の中に組み込まれたのだ。修道院学校に対するコントロールは各教師の下に、修道会の範囲内に、必要によっては教団組織の範囲内にもあった。伝承からは個々の内容はほとんど跡づけられない。ザンクト・ガレン修道院年代記において、司教や王たちは中世初期、修道院学校の日常を覗きたがっていたことが明らかになった。これに対して中世盛期の大聖堂付属学校風景の中では明確に区分された監視が導入された。司教、または代理の付属学校長が教区の全生徒を監視したのである。あたかも参事会、修道院、またはその他の学校のように。

司教、または学校長はそれゆえ、授業しようとする者全員に対して教師能力、教員資格を問い始めた。それで、免許なしに教えることは許されなくなった。学校長は教授内容と学問的な方法をコントロールし、その間、授業が規則どおりに遂行されているか調査するために、いくつかの試験を行った。校長自身は大聖堂付属学校のマギスター（修士）を通して代理させることができた。教師資格は当面、それが発行された場所に限られていた。あるカテドラル学校から別の学校へといった場所の移動に際しては、資格は改めて取らねばならなかった。大学になって初めて、全般的に、どこでも有効な教師資格が言い渡されるようになり、今日まで続いている。特別な教員資格として、それぞれの場所で再確認されるのである。盛期、及び後期中世のカテドラル学校において、他の学校での教員資格の継続、または更新はその地のマギスターの同意を前提とした。そこには様々な軋轢があった。個々の教師か学校が身を立てようとすれば、それは必ず勃発した。パリ大学の初期は後に教会側からの抵抗によって、後期中世における都市学校の施設と全く同じに描写された。

教材の伝統性と知識仲介の個人性は大聖堂付属学校での授業の特徴であり続けた。人々は依然として、書き写すことで自分の知識内容の中へとりいれられた写本と原本を互いに交換した。相変わらず人々は、祈りの兄弟会によって互いに結びつけられていた。

しかし、ここへさらに全く新しいことが加わった。一二世紀への変わり目ころ、たぶんやはり、イル・ド・フランスにある大聖堂参事会学校やカテドラル学校のより大きくなった個人的、一般的な自由によって、その地に新種の「モダン」な、まさに「革命的」な考え方が生まれたのだ。学問的な方法論の始まりである。それはまず理論的な反省の中で、後に、伝承された権威あるテキストの処理の中で効果を表し、さらにそこから授業を変革させたのだ。ここに、少し後にフランスのカテドラル学校の教育からヨーロッパの大学の先駆が生じた理由があった。

教育は研究からのみ、そして両者の互いの結びつきからのみ、成果あるものになり得る、というフンボルトの近代的な大学理念はここに言わば初期の正当化が見られる。現代の大学にその性格を与えたこの基本理念が今日、軽々しく日常政治の「改革熱」の犠牲にされているのなら、いっそう嘆かわしいことである。

しかし当時、理論的な理念の極めて実践的な応用ということは問題でなかった。人々はもはや修道院文化がしたようには、伝承されたテキストをただなぞったり記憶したりするだけで保存しようとは思わなくなったのだ。むしろ今や伝統は自分の批判的な考えで補完され、注釈されるべきものとされた。

人々は再び、伝承を書きつづることで入念に、かつ保持的に伝統と付き合う責任を、身に感じていた。聖書や教父たちのテキストへの注は、義務的な注解（グロッサ・オルディナリア）と呼ばれた。伝承されたテキストの写しや新版はそういうグロサール（注解集）を巡って作られた。だからそういうグロサールはテキストに注をつけただけではなく、それを拡張したものであり、やがてカテドラル学校の優れたグロサール書きの名前が知られるようになった。ランのアンセルムス（一〇五〇〜一一一七年）もその一人だった。

ここでもなおフランスのカテドラル学校が話題になっているのは偶然ではない。ドイツの大聖堂付属学校とフランスのカテドラル学校が違った発展をしたことは、ドイツでの発展がフランスでの学問的な注の成立と最終的に交換不能になったことを、早くから暗示していた。どうしてこんなことになったのだろうか。

ヒルデスハイムとマクデブルクで人々は引き続き、帝国司教団の養成と採用の場としての宮廷礼拝堂を建設し、宮廷と結びついた大聖堂付属学校を同じ目的で道具化する仕事をしていた。この方法でも重要な文化的業績を上げることができた。マクデブルクのロマネスク様式の教会建設、または、一〇〇〇年ころのザクセン帝たちの下、帝国史についての司教ティートマルの特徴ある年代記が示す通りである。教会建築芸術で、同じころ建てられ、今日まで印象深い証言となっているものが、ヒルデスハイムの名声を輝かしいものにしている。後には広く普及したが、この種のものでは最初期で極めて芸術性に富んだ証言であるロマネスク様式のバジリカ、聖ミカエラの方円柱は今日に至るまで、人々に深い印象を与えている。大聖堂には一〇二〇年ころにローマのトラヤヌス柱を手本にして作られたブロンズの柱がある。西内陣の記念碑的なブロンズの扉はおそらくその数年前に作られたものだが、アルプスの北側では中世最古で、新旧聖書の救済場面から取られた人物が装飾されており、最も初期の古代末期風の連作造形の一つになっている。そのうちのいくつかの場面の見本としては、トゥールにあるカロリング朝時代の写字、及び絵画学校による聖書写本が役立ったことだろう。これから、もっと多くのことが導き出されよう。

皇帝オットー三世から個人的に深く信頼されており、高い教養があり、広く旅をした司教ベルンヴァルトが特にその制作のための後援者（メセナ）の働きをした。彼は一〇〇一年のローマ訪問に際して、数々の皇帝柱を見ており、故郷の大聖堂にはっきりした目的を持って古典芸術を取り入れ、キリスト教の視点で解釈し、皇帝の政治的なプログラムの有効性を証明しようとしたのだ。前キリスト教的、キリスト教的伝統との、モティーフや様式の借用との、控えめな暗示や逆向きの引用などとの、この上ない入念な関わり合いだけが、おそらくイタリアに由来する制作者、その他の人たちの職人芸を示してくれている。そこには、当時の学識ある知識と関わった輝かしい名人芸も少なからずにじみ出ている。ベルンヴァルト司教の筆跡が何よりそれを示している。

ザクセンでも人々はその種の職人芸に到達できたのだ。大聖堂付属学校を、同時にそれをさらに司教団の単なる実践的な養成所として存続させ、その場所を、フランスで現れ、ベルンヴァルトのような男が間違いなく意識していた学問的な進歩から遠ざけておいたことは、つまり、無能、無関心そのものであった。ここにはっきりした政治的な操作を見ることができよう。かつては帝国教会に極めて効果的、行政的、政治的な成果をもたらした支配と教会間の結びつきの継続は、ドイツ帝国に今や発展の逆行を強制した。そしてそれは何世紀にもわたって取り返しがつかないものとなった。

独立した、学問的公明さに代わる支配者寄りの養成重視、高度の学問受容に代わる七学科の下位の分野の教育、総じて、もはや高度とは言えない水準の授業、それが一〇、一一世紀、ザクセンの大聖堂付属学校の特徴だった。その特徴は、アルフレッド大王による熱心な奨励の後、やはり停滞と没落を経験したアングロサクソンのカテドラル学校でも同様に見られた。少なくとも司教団管理とカテドラル学校の分野で広範な変化をもたらした一〇六六年のノルマン侵攻の結果として初めて、フランスの学校を模範にしたラテン語授業は再びより良い水準に達した。フランスにおけるカテドラル学校の知識優先は、一二、一三世紀の間、学校に知識伝達の場として最高の地位を保証したのだ。

一度頭の中に入ってしまえば、自由な思考というのは当時でも既にもはや制御され得なかった。学問的な思考という新しい方法について聞き、それを求め、しかし東部の学校ではそれを見出し得なかった人は、西部の学校風景の中へと遍歴して行った。最初の教養移動が起きたのだ。個人が、そしてグループがヨーロッパ横断の旅をした。続く数世紀間、そこから、知識仲介のいくつか決まった中心地へのアカデミックな遍歴（ペレグリナティオ・アカデミカ）、という大学的な研究の一つの特徴が生まれることになった。しかし、後の発展との特に重要な違いは、初期には、出生地に対する驚くほどの無意味さにあった。一一、一二世紀の教養移動としてたとえば、ザクセンの故郷へ帰り、フランスのカテドラル学校の新しい学問をもたらした人でも明らかに、故郷の状況を変えることはできなかった。学問の地に留まり、二度と帰還しない者もいた。

どんなことが皆の頭をよぎったか、しばしば憶測された。それまでは、大聖堂付属学校に通えば、かなりの額の教会禄と宮廷への出入りの道を見つけるに十分なものがあった。その点では何も変わらなかったし、依然として多くの人を満足させられた。しかしそれと並んで、より多くのことを知りたいと思い、個人的な好奇心や知識欲から、表向き先の決まった人生行路を捨て、フランスへ研究に赴く者もいた。それは場合によっては、世俗から聖職身分への転換のようにも見えただろう。遍歴学生の保護を保証した一二世紀のある皇帝文書に、「学問への愛」(アモル・スキエンディ)という表現があった。

10 知識、有益性、出世

しかし「学問への愛」というだけでは、一二世紀の、他に例のない教養移動を十分に説明できていないであろう。いずれにせよこの間、フランス王国で二つの強力な過程が進行していた。カテドラル学校における学問的な改革と、王国の広範囲に達成された、確固とした中央集権である。一二〇〇年ころ、王位継承は事実上、世襲になった。王は自分が承認された王国の地域、及び有効に行動できる地域(公認地域と承認地域)を広範囲にわたって同等にできた。すでに、王が継続して王国の中心、イル・ド・フランスで支配権の核を保持することがはっきりしていた。そこには王の御領地と王宮としてのパリがあった。パリの中のやはり中心、イル・ド・ラ・シテには司教座と並んで玉座があった。

フランスの中央集権王国の近代性は特に、王たちは依然として教会組織に介入する傾向がなく、教会による知識仲介の場所を自分たちの目的のために利用しようとした、という点に現れていた。世俗、聖職の学識あるものを、自分たちに仕えるよう促したのだ。王宮は学識ある助言と教養ある身内を必要としていた。その助けで王国の中央集権化と安定を確保しようとしたのである。権力が知識を支えにしようとしたのだ。

現状では、学識ある人物はもっぱらカテドラル学校からのみ採用された。そしてやがてその学校には新たな出発の傾向が現れた。有益な安定化のチャンスを提供すると思われた。王の政治は直ちにこの新しい発展の上に乗った。教会法及びローマ法の専門家が特に嘱望された。さらに神学者、医師、学芸研究の修了者も。王による管理と支配行為の機能領域の多くは彼らとの協働を必要としたし、学者たちに豊かな報酬を約束した。彼らの知識が王の支配を支え、その奉仕は彼らにかなりの収入と、さらには目覚ましい出世を可能にした。

ドイツ帝国では学問の萌芽のチャンスを逃したことが、極めて広範な政治的結果をもたらした。当時の水準に達する学問の場所がなかったというだけではない。帝国教会の組織における固陋さがいわゆる叙任権闘争時代の緊張をいっそう先鋭化したのだ。すでに一一世紀半ば以降、王は司教の養成と採用への関与権を失っていた。一一二二年のヴォルムス政教条約による叙任権闘争終了後も、完璧とは言えないまでも、事実上、司教座確保に対する王の介入があった。大聖堂付属学校と宮廷礼拝堂における司教の二段階での養成と養成専門教育はしかしながら以前の意義を決定的に失っていた。当時の学問水準での学校の開始が、時期を失してしまっただけではなかった。たとえ拒否されても、宮廷勤務のための学識ある人物を教会組織の外で採用せねばならなかったのだ。

この遅れは王の権力だけでなく、大空位時代〔一二五四〜七三年〕以降、帝国でますます影響力をました各地域の支配にも当てはまった。地方も自分たちの支配領域の管理と集権化のために学識あるスタッフを必要としたのだ。しかし、学識があり、実践に適用できる知識を持ったスタッフの育成と採用に当った教会と並んで次第に様々なチャンスを発見し利用したのは、どこよりもまず都市だった。

一二二四年、フリードリヒ二世によって「管理大学」として設立されたナポリ大学は特殊な例であり、シチリア王国という環境からのみ説明されうる。それは王国に対する影響力を全く持たなかった。一四、一五世紀の領邦君主たちによる大学設立に至って初めて、ナポリで提示されたのと似た発展を遂げたが、それでもやはり、フリードリヒ二世の知識奨励に応えるものではなかった。

フリードリヒ二世は高い教養があり、多言語を操り、かつ、キリスト教、イスラム教の両方に由来する学問的な蓄積に積極的な関心を抱き、実験に対しても並々ならぬ好奇心を持った為政者だったが、彼は、その時代に可能なもの、考えられる限りのもの、それも、教会の助けの全くない学問を奨励している。優れた学者のグループと交わり、その学問的な意図に関心を持ち、宮廷で議論させ、仕事に制限を課すことなく、力の及ぶ限り、彼らを支援した。理論的な学識と並んでフリードリヒはいつも、その実践的な応用にも関心があった。それで医師の職業としての仕事に規制を設け、学問的な試験と、前もって決められた研究分野を導入した。ナポリ大学ではすべての学問を教えることとされた。しかし、主たる目的は王国の支配と管理のための法律家を養成することであった。しかし、一中世諸侯のこの、それなりに極めて独特の学問奨励にも、負の面があった。外国研究は関心を持ったシチリア人にも禁じられたし、ナポリで獲得した知識も、他の場所で応用してはならなかった。

これに対して、フランス王国ではそんな制限はなかった。同類の基本原則での行動もなかった。実践的な、それぞれ目前の必要に従い、王たちは自分で、学識あるスタッフを養成し、利用する可能性を開拓した。軍事的な成功を通してだけでなく、フランス王位をヨーロッパ最強にしたフィリップ二世・オーギュストはローマ法の専門家を多く求めた。彼は、法の中央集権的なコントロールを通して、地方の、統一的な処理方法から逸脱した特性を排除するために、従来の慣習法を明文化させた。法的な家士制の強化によって、地方貴族の従者を直接、王に向かわせることに成功し、王権の公式な代理人を安定した管轄区域に組み入れることで、中央権力による意志貫徹は地方権力の負担でいっそう都合よくなった。王の代理人は法に通じていることがますます必要になった。もはや単なる身分的な特質の具現者、あるいは宮廷に近い存在というだけの貴族ではなかった。

王による管理における文書の関与はますます増えた。そして、文書による王の決定の範囲は、引き続き増大した。王の官房における文書作成の肥大化は、法文の本質的な内容に集中し、形式を短縮することで、いっそう効果的な作成術を要求した。いかなる王の決定も文書を通して実行され、記録されるべしとされた。諸身分の関心もそこから把握されたし、口述的な貴族社会のコミュニケーションに典型的な形式である封土授与行為でさえ、そうだった。知識政策は、すでにカロリング改革でそうだったように、目的ではなく、手段だった。それはつねに、同じ目的のために義務づけられた別の道具立てとともにあった。自己の権力行使の確保、王による支配の中央集権化と安定化が問題だったのだ。知識政策は決して唯一の手段ではなく、主要な手段ですらなかった。しかし常にその一つであり、学識ある知識の強化だけでなく、その実践的な有効性が問題だった。

11 知的な風土

政治的プランの成功に決定的な影響力を持っているのは、様々な力の協働、関係者のコンセンサス、そして、必ずしも一面的でなく、各個人の利害が他人の負担で達成されたかどうかである。中世の王制は決して絶対的なものではなく、基本的に他者の同意や協働に頼っていた。異なる力の利害を有効に働かせる共生にたどり着くことが大切だった。

パリにおけるフランス王制の中央集権化と居城建設によって同時に市、それとともに市民階級も利益を受けた。遅くとも一二世紀以降、都市はヨーロッパ諸王国における経済的、政治的な要素と考えられた。一三世紀にはすでに、王による支配の安定性が問題になった時、宮廷、貴族、聖職者だけでやっていくのは不十分だった。知識政策は今や、学識ある知識の伝統的な担い手、つまり聖職者を、学識を実践的な用途に役立てた新しい社会的グループと引き合わせる知的風土を勘定に入れねばならなくなった。そこに入るのは都市市民、勉学のためにフランスに来た出世志向の若者、そして、非常に正確で実践的な期待を学問と学校の奨励と結びつけた王宮自身だった。

知識仲介の場所、修道院、司教座参事会、大聖堂それぞれの学校は教会の担い手の施設以上に定義づけられており、後者と同じく、時代の状況の中に組み込まれていた。一二世紀に学問的萌芽、そして知識の移動が起こり得た理由を挙げるのは難しい。関係者の動機がどれほど様々だったか、そういう過程もまた単純な理由に還元されないであろう。当時の報告にもそういう理由づけはなく、自分の観点から価値づけた経過が描かれている。しかしいずれも直線的な出来事としてではなく、ダイナミックな過程として書いてある。当時の社会の知識仲介の大枠条件、そして知識の価値の点であまりに多くのことが変わってしまったのだ。

依然として人々は学校に対する正確な概念を持っていなかった。学校と授業についての当時の理解は本質的に、教師と生徒たちの共同体というイメージに彩られていたし、ずっとそうだった。授業の各場所は一二世紀においてなお「スコラ」だった。現代のホーホシューレの起源である「ホーエ・シューレ」も極めてゆっくりと、ドイツ語表記で普及して行った。それ以前、つまりラテン語の対応名はなかった。「ホーエ・シューレ」は高い水準を持ち、広くから応募者が殺到する学校を意味し、同時に、知識仲介の中心地、場所、風景を意味するとされた。そこには少なくとも無意識であれ、学問的な思考という、すでに新しく独自の道を歩いている学校であり教師である、という響きが含まれていた。大学と一緒になって初めて、しかし当初はもっぱら教師と生徒の共同体に帰せられる「ウニヴェルシタス」という概念が登場した。大学の設立とともに完成した深く刻まれた区切りは極めてゆっくりと同時代人の意識の中で追体験され、その言語表現に反映された。

一二世紀の学問の萌芽もそれ自体からというよりも、当時のメンタリティーと知的風土の表現として理解されよう。修道院文化の窮屈と感じられる伝統に対する広範な批判がそこで共振したのだ。今や、才能のない貴族の子弟が修道院で養われており、修道会の教養水準はさらにその下にある、と批判された。たいていの修道院学校に対して壮大な要求があったが、実際には自由七学芸のすべてが教えられたわけではなく、基礎知識だけと言わないまでも、いずれも最低限の科目、ということが今や人々の心を動かしたのだ。

新しい方向の最も優れた代表者の一人、サン・ヴィクトルのフーゴ（一一一四以前から一一四一年）は修道院学校の授業こそ、人間を真の使命から遠ざけている空虚で無益な努力以外の何物でもないと思った。人間のこの使命とは知識の進歩にあった。

もはや修道士は学校の教師になるべきでない、そう言われた。それゆえ、授業がもし行われる場合は、修道院関係者によって平信徒のために行われるべし、とされた。もうとっくから教会の改革運動が求められていたのだ。ただし、全く別の理由からだったが。教会は、教団修道会の枠内での世俗聖職者と平信徒の教育には気が進まなかったのだ。発展の中心から外れた、修道院の孤立した知識仲介の場所とは縁を切るべきだ、人々はそう要求した。別の言い方をすれば、学校と授業を都市的中心の知的風土と結びつけるよう求められたのだ。

修道院的講読の学問的方法が今や学識ある、スコラ的な処理形式によって開拓されたのだ。講読、瞑想と並んで、批判的問いと、解釈の可能性を巡る規則的な戦いが登場した。

学識ある知識の中心的問題は昔から矛盾との交わりだった。権威者たちのテキストがその陳述において証明される限り、それは読まれ、暗記されることで内面化され得た。しかしそれらの間に、たとえば教父たちのテキスト間に矛盾が現れたらどうであろう。そんな場合、人々は、矛盾を調和によって否定することを学んだ。真実においては、陳述の一致へと解消され得る矛盾が存在するように見えるのだ、人々はそう言った。この方法は常に用心深く、時として強制的に進められた。自発的に矛盾の中で考え、教義的な基準によると存在してはならない所でそういう矛盾を見ることに慣れてしまった、そこから逃げられなくなってしまった方法である。引き返す方法はなかった。

ここで一二世紀の学問の萌芽は新たな大地を歩んだ。今や人々は明確に矛盾と対峙し、その矛盾を論理的な挑発と捉え、もはや教義的な挑発とだけは考えなかった。カンタベリーのアンセルムス（一〇三三、三四～一一〇六年）は学問的方法として方向づけの働きをした信仰の理性、という教えを定式化した。理性を通しての信仰というものが発見され、疑う人の存在が証明された。

アンセルムスは先駆者達のように理性と信仰を調和させようとしたのではなく、かつ、近代においてよくあるように、対立させようとしたのでもない。彼の意図はもっとはるかに要求の高いものだった。それゆえにこそそれは将来を目指していた。認識の目的は彼にとって、神の知恵に近づくことだった。そして、アウグスティヌスの伝統に基づいて徹底的に議論した。そうして彼は次のように確信するにいたった。「私は信ずるために理解することを問わない。そうではなく、私は理解するために信ずる」。知識はそうして彼の認識空間の中に限界づけられ、目的使命、つまり知恵に結びつけられていた。しかしこの空間の範囲内では理性にはあらゆる自由が与えられていた。道徳的な原則によって限界づけられた学問の自由を巡る今日の努力は、ごく似た問題の前に立っている。「理解するために信ずる」としたカンタベリーのアンセルムスは中世の神学にとって、ルネ・デカルト（一五九六～一六五〇年）が近代の哲学にとってなるべきだったもの、そして近代において明らかにそれ以上の名を必要としないようになった、そういう人物だったのだ。

一二世紀においては疑いなく、変化した時代に生きている、という意識があった。学問の萌芽はある変化から生じた教会的な指示、規範、伝統からの解放を象徴するものだった。そういう批判はしかも、一般的な教会批判とは何の関係もなかった。むしろ市民、貴族、聖職者たちは協働して苦境に対抗するために、そういう批判の点で集結したのだ。集結という新しい形式が生まれたがそれは、従来の知識内容との付き合いという新しい形式でもあった。

聖職者階級に限らないが、そういう教養不足に対する批判と、ほとんど現代的とさえ言える表現での「教養のみじめさ」という断定に無縁な者はいなかった。教会の改革運動は、学識ある知識が再び救済の知識に、精神性に、儀式的な秩序に役立つべきことを要求した。確かに、聖職者の教養水準は引き上げられるべしとされたが、それはしかし、魂の救済の妨げとならない、許容される知識内容の仲介を通してのみのことだった。一見しただけで、平信徒共同体の批判は全く違って見えた。学識ある知識は王と王国にとって有益なものでなければならないし、聖職者がその知識を独占するか、あるいは社会に役立てるかを、教会禄を食んでいる聖職者の個人的な好みに任せてはならないのだ。教会および世俗の批判と、改革要求に関して、内容から見れば確かに全く反対のことが問題になっていたが、議論において、両者は一致していた。両者は、学識ある伝統による知識は同時に求められる有益性とも結びついているべし、という意識で一致したのだ。

人々は決して、知識仲介と、従来の知識内容の継承を教会的な環境から解き放とうと望んだわけではなかった。むしろ、教会施設がこれからもどんな形で知識の担い手になる得るかが問題だった。しかしここで今や、教会による観念と世俗のそれの道は、互いに遠く離れてしまった。どちらの地位が、有力な学校の担い手となるかも含めて、今後も参事会を引き受けるべきかという問題に、葛藤の火がついたのだ。

教会改革の観点からは、学校において学問の萌芽が起きたということにも関心を持っていた、より自由な生活様式のための参事会の門戸開放は、逆行されるべきものであった。特に門戸開放という教会法的に最大限に可能な形式、いわゆる世俗の同僚参事会も改革者たちにとって邪道そのものに思われた。その代わり彼らは、聖職者の生活規則と大聖堂参事会員共同体の本来の規則のより厳しい監視を要求した。聖職者としての生活規則に再びより厳しく関わろうとしていた修道士参事会員たちはこの要求に対応した。

世俗の同僚参事会はふつう下位の参事会にあった。つまり司教座との関連を持たず、メンバーのための教会禄をつけることができ、法的な団体を成していた。中世のいかなる教会施設にももはや、聖職者と平信徒団体の間に相互作用の可能性も深い意味での共生もなかった。改革者の批判が世俗の同僚参事会から得たものより、平信徒団体における支持が彼らに与えたものの方が多かった。彼らは意識的に、大聖堂参事会員の生活規則で行われてきた古い修道院的な理想を放棄した。つまり、共同生活、共同の寝室、それに修道院的学識の理想も。

都市で特に優遇された同僚参事会が、貴族でない、市民の力を導入することにしたのは当然のことだった。逆に、大聖堂参事会は様々な面でその社会的な採用を固定化した。依然として、貴族生まれの者だけが受け入れられた。参事会での知識集合にとって両者は欠点であってはならなかった。大聖堂参事会がその間に義務として二つないし三つの研究を導入したのに対して、同僚参事会は学校の教授内容としても、教会禄継承者のための教養資格としても、外形上、自由七学芸の伝統的な規範に固執した。同僚参事会における参事会員の個人的に大きな自由の余地に対応するのは今や、彼らが、何年にもわたって教会禄を離れ、ただし任務を主張して「賃貸力」をもって代理させることを許した気前のよい不在規定を要求できたということだった。

本来は巡礼の旅の目的にのみ可能だったこの気前のよい不在規定がやがて研究の旅にも転用されたのだ。そうしたい者は教会禄をかたに代理を立て、数年、勉強できたのだ。実入りのいい教会禄は、場所の選択に際しても自己の好みに従うことを許した。いかに有名なカテドラル学校や遠く離れた大学に行くか、選択と個人的な関心による研究、さらに専門や勉学期間についても自由、特に、帰還後に何の義務もなかった。大聖堂参事会の関係者も、世俗的同僚参事会のそれも、自分たちの可能性の選択に当っては全く自由であり、そうして得られた彼らの個人的な学識は参事会にも教会にも、必ずしも利益にはならなかった。

教会には平信徒団体のように、ほぼそういった条件の、その他の研究の機会はなかった。学習する大聖堂参事会員はそれゆえ、やがてそういう都市市民の教会へ入り込んだ。その教会には不在権利への活発な要求があり、そういう教養養成がどんな有益性を持っているかが問われていた。人々が個人的な知識欲の自由を教会の基準からどんなに奨励しようとも、その種の、やはり教会的な発展の中には、誤った道が通っているのが見られた。

中世後期の市民の改革文書は、有用性の要請というよりも、今や獲得された知識志向の自由との自己責任的な関わりを求めた。修道院文化という閉じられた世界では、こんな問題は起きなかった。大学でもその問題は、中世末期の大市民や貴族による研究の旅の登場とともに初めて起きた。経済的にしっかりした環境にあるために自由に、好みに応じて、それと結びついた、習得された物の実践的な応用というプレッシャーもなく、知識が得られる人々を巡る争いは、ごく少数の人にしか当てはまらなかった。自由の明確な誤用として、また教会財産との交わりにおける嘆かわしい不正としても、この状態は批判された。それはまた、実践的な応用のない純粋に学識的な教養知識の獲得に対する批判とも言える。批判の声が教会の改革派と並んで特に市民層から挙がったのは偶然ではない。聖職者と並んで、さらには貴族の前へと、市民は、自分自身の尺度によって能力あるエリートの現れと見た知識文化の担い手へと出世していた。知識を通して能力を発揮するもののみが、知識の有用性に対する社会の期待を満たしたのだ。

実績主義は出世志向へと繋がった。時代もそれにふさわしかった。市民出身の教養人、あるいは学者として、彼らは自分たちを教会、世俗両方の公務に欠かせないものに為し得た。ある程度の社会的な流動性が知識を通して可能になった。しかし常に、教養ある市民も、聖職者にならない限り、あるいは諸侯の側から貴族に列せられない限り市民であり続けた。そしてそんな場合でさえ、市民は自分が市民の出身であることを引き続き意識していた。にもかかわらず、知識と能力を通して収入を得、それどころか出世を達成する幾多の可能性さえあった。やがて、勉学する科目の魅力は、期待される出世の見込みに従って決まるようになった。神学には応募者が押し寄せなくなった。特に法学、それに医学への志望が増加した。一五世紀には高収入と社会的名声を約束してくれる学問に対して、「実入りのいい学問」という成句まで生まれた。この動機は明らかに今日まで持続することになった。

12 都市市民の新しい知識

当初、市民たちは伝統的かつ教会的な授業が提供するものを利用していたが、しだいに自分たちの関心の自由な領域を広げ、やがて計画的に、習得された知識の実践的な関連を促し、最終的に、知識仲介の新しい形式と別の場所を要求するようになった。つまり、都市市民は後期中世における当時の社会の知識内容の発展に決定的な影響を及ぼしたのだ。伝統的な知識人文化の宮廷的・聖職者的な環境の中ではそもそも起こり得ないことであり、学識ある都市市民が後期中世における知識とその担い手の社会的な価値をまさに決定的に特徴づけたのだった。「後期中世の知識人は、他の誰よりもなお、都市の人間だった」(ジャック・ヴェルガー)。

すでに以前から都市と市民は社会のダイナミックな潜在力を担っていた。経済的な生産力、交易、手工業の中心、及び増大する政治力としてだけでなく、新しい理念、方法の推進者としてもそうだった。都市では身分的な秩序の中にはない社会的な組織形態、つまり組合的な組織と政治的な自己管理が実現され得た。共通の利益とともに市民は、各個人を結びつけるだけでなく、社会の別のグループにとっても模範となり得、市民からそれなりに提示される義務的、集団主義的な理想を知っていた。

中世社会の様々な社会グループのトップとして、移動する証人としての都市市民は、自分たちが自立しその仕事のために必要な知識内容を自由に操るべきだと認識していた。まず都市史の初期段階では、書記及び助言者としての聖職者に遡るだけで充分だったろう。しかしやがて、そこにある従属性が邪魔になって来た。都市及び市民階級はますます、市壁内での教会組織との利害対立に陥った。自立した、自己をしっかり意識した都市政治は初めから、どこにも従属しない、自分達自身の知識を前提とした。教会によって担われた学校からの離反はまだそんな考え方とは結びついていなかった。

子供たち、とくに市民家庭の子弟は今や既存の学校へ送られたが、教団修道会の修道院学校、特に参事会や司教座教会付属の学校へも送られた。都市市民と世俗の同僚参事会の間に特殊な共生が生まれた。参事会総会のメンバーであり、同時に都市側からの助言をしたのはそういう都市市民的な家庭の関係者だった。そういうスタッフ的な、時には親族的な絡み合いを通して、参事会と市民階級は一体となったのだ。司教側からの監視との葛藤において、参事会教会と市が一緒になって同じ側に立つという事態も珍しくなかった。裕福な商家からの豊かな寄付と都市の基金がその結果となった。以前の修道院と同様、参事会はますます増える死者ミサ基金から利益を得た。

参事会学校のスタッフ的、物質的な装備もその際、利益を得られた。当然のことながら、市民は逆に、彼らが子供をその授業に預けている参事会学校での教育プランに対する影響力を持った。この学校はそれで、二つの知識集合を同時に仲介する場所になった。一方で、自由七学芸、事実上は文法と、必ず含まれる下位三学科の伝統的なラテン語授業の場所、他方で、市民の日常の仕事に不可欠な知識の授業の場所になった。教会が学校を支持する範囲内で、都市市民的な知識という観念が従来の伝統から少しずつ解き放たれ、自立して行ったのだ。

少なからぬ重点移動がそれと結びついていた。伝承されたしっかりした規範から今すぐ必要な内容へ、厳格なラテン語主義から民衆語での知識仲介という解放性へ、学識ある知識から基礎知識へである。一五世紀の人文主義になって初めて、学識ある教養知識が市民社会の中で特別な地位を占めるものになった。それまでは実践的な行動知識が支配的だったのだ。それはそれなりに、学識ある伝統の基本要素、つまりラテン語の読み書きの能力を包括できた。しかし実践的応用に向けられた民衆語による読み書き、それに不可欠の計算術が支配的だった。そういう知識の接触域は広がっていた。商品価値、金の価値、市場の場所、旅行路について人々は他の都市の市民や商人たちと分かり合えた。もちろん、他の地域、他の国も含めて。実践面にアクセントを置いた知識文化の発展のための極めて独特の環境が諸都市で生まれた。そしてそれに続いたのが、市民の子供たちのための授業に対する特別な期待である。

何世紀にもわたって通用してきた古い公式が次第に価値を失い始めた。学識ある人（リテラトゥス）はもはや単に聖職者（クレリクス）ではなく、無学の者（イリテラトゥス）はもはや単に俗人（ライクス）ではなかった。教養人、学者――知っている人（今日、フランス語で「教養人」の意に使われるジャン・ド・サヴォワール）――はますます聖職者だけでなく、俗人、市民でもあり得た。マイスター号を持っていること、マイスターであることは必ずしも自由七学芸のマイスターである人のみを指さなくなった。ある活動領域で格段の知識を獲得した人は今や、誰もがその分野の教養ある、専門知識を持ったマイスターと呼ばれた。あらゆる技能、知識内容、つまり学識的なラテン語による科目の規範だけでなく、商人や手工業者の実践的な行動知識が、今や学芸（アルテス）と解され、それをマスターした人は職人（アルティフェクス）と呼ばれた。中世初期のザンクト・ガレン修道院で兆候が現れたもの、つまり、学者だけでなく、同じく手工業者の資格の社会的な承認は、盛期、及び後期中世の諸都市ではごく普及した現象になった。そうでなければ、教養知識と並んで行動知識の広範な価値高揚は起こり得なかったであろう。

その間この過程は実践面で完成しただけでなく、一二世紀におけるフランスのカテドラル学校での学問の萌芽が獲得した理論的な発言ももたらした。一一三〇年ころ、サン・ヴィクトル参事会の有名な学校の教師を長年務めた学識あるサン・ヴィクトルのフーゴは学問の手引きを出版した（『学習論』）。後期古典・初期中世の伝統に基づき、かつ、同時代の幾多の手本に刺激されて、彼は手工業的・技術的な能力に対する一連の専門語彙を工夫した。そういう能力は、実践的な処理と並んで理論的な、ちゃんと説明できる根拠を持っているのだから、正確に考えれば学芸（アルテス）であるだけでなく学問（スキエンティアエ）でもあるとフーゴは考えた。それが学識ある知識内容と異なるのは、手工業的な学芸が人間の生活に必要だ、という事実だった。行動知識に対する、広範な影響力のある、それなりに学識的な価値認識の高揚であった。

それに応じて、学識ある自由七学芸とのまったくのアナロジーで、手工業的な学芸も七つのメカニックな学芸（アルテス・メカニカエ）に分類された。機織術（ラニフィキウム＝羊毛織）、造形術と武器製作（アルマトゥーラ＝武装）、水陸での交易（ナウィガティオ＝航海）、園芸（アグリクルトゥーラ＝農業）、食料品業（ウエナティオ＝狩猟）、実践的な医術（メディキーナ＝医術）、演劇と騎士劇（テアトリカ＝演劇）である。ここで、これらすべての専門領域にとって基礎的な知識と手工業的な能力の結びつきが不可欠なこと、それらはすべて授業を受け、専門教育を受けることで習得されるべきこと、そのすべてにおいて職人芸が存在することが分かった。サン・ヴィクトルのフーゴのこの説明モデルこそが、手工業や交易、市民や貴族、娯楽と健康管理を含む一つの文化の秩序を表現している。伝統的、文書的、ラテン語による学識の、仮想に基づく優位に対するもう一つの知識という「近代的」な観念がここで現れているが、しかし同時に市民的な職業活動に対する基本的な説明も現れている。

都市史におけるこういう観念は、あまりに長いあいだ不当評価されてきた。ふつう都市市民は商人、あるいはより詳しく裕福な遠隔地貿易者と見られた。そこから逆に、教会的な知識の伝統に対峙させられる市民的・商人的な教養の仮想に基づく必要性が導き出された。中世都市における教養はそれで商人としての職業実践と都市の自己管理の要素として、また文書能力と計算的知識の形成として理解された。これらすべてが疑いなく都市における知識内容であったが、しかし決して唯一のそれではなかった。

社会史、経済史はその多くをベルギーの歴史家、アンリ・ピレンヌの一連の業績に負っている。教会に対抗する有益な授業への独自の道を模索したとされる商人的な教養欲求について、二〇世紀半ばに彼が定式化し、それ以降、部分的には今日に至るまで多方面で言及される推論に対して、今日、伝統に基づくいかなる訂正も成り立たない。確かに都市市民は教会学校、特に参事会学校を引き受けることで、そして授業の内容と水準に対する自己主張のある要求をすることで新しい雰囲気を打ち出した。その要求は間違いなく学校を能力の限界にまで導いた。多くのことが達成されたし、総じて、市民が要求した民衆語による読み書きの知識も基礎的なラテン語知識も、その子供たちに参事会学校で、たいていは十分に満足されるほどに伝えられたと言えよう。しかしながら、市民たちが一三世紀、特に一四、一五世紀に、都市が担い手になる自分たちの学校を要求し、多くの場所でそれを達成するという事態になった。

しかし、現代的な観点からはどう見えようとも、その理由となったのは決して、市民の教養欲求でも、配慮の欠如に対する教会学校への批判でもなかった。そこにはまったく別のことが働いていた。経済的に成功し、政治的に独立した中世のコミューンは多くの面で市壁内の教会的な優先権を排除しようとしたのだ。それらには特に聖職者の免税権や、世俗の裁判の介入に対する聖職者の不可侵特権などがあった。病院の教会支配、小教区の管理や財産に関する市民の関与が少ないことに不満があったし、特に、各大聖堂付属学校長が依然として大司教区、さらには都市内のすべての学校を独占的にコントロールしようとしていることに対する大きな不満があった。この限りにおいて、この条件下においてのみ都市は、ないがしろにされて来た、差し迫った教養の欠如とも、さらには基本的な反教会主義ともまったく無関係の学校政策を推し進めた。

学校史はつまり必然的に都市史の一部として扱われるべきであり、そこからのみ理解される。それゆえそれは、教育内容のみを問う伝統的かつ精神史的な取り組みからも解明され得ない。その追求にはむしろ社会史的・都市史的、法学的・文化学的な問題設定が必要である。都市における学校教育について、もはや、文書主義から、官房や管理、裁判や医学の発展から離れては論じられない。学校史は文化史、そして都市における知識の歴史の一部である。

都市における知識と中世の都市的文化の歴史は、その際いつも、自由学芸とメカニカルな学芸を共に包括する学識ある知識と実践的な知識になる。今や、本来は何の共通性も持たなかった様々な知識内容が、かつてなかったほど緊密に結びついた。手工業者や商人に必須の読み書き能力、様々な意味でのラテン語の知識、ややこしい簿記の形式に加えて、旅、交易、商品の生産と販売、そこから必然的に拡大するコミュニケーションを通して多面的な横の広がりが登場した。教養、専門教育、習得された知識、獲得された経験、文字文化と口頭での伝統が、知識内容の利害に導かれた習得において合流したのだ。

都市文化における知識による格づけとともに、いままでよりいっそう機能的、社会的流動性が可能になった。教養や専門教育を意のままにできる人達にとって、それまで手に入らなかった活動範囲、収入の、さらには出世のチャンスまでもが開けたのだ。知識は最終的に都市社会の中での社会的な評価、承認へと繋がった。市壁の外での固定化された身分社会と違って、市民は特に学識ある知識を通して、自分の都市でも他のコミューンでもその社会的地位を上げることができた。

基礎的な、あるいは少しばかりの教育を通して確実に書くことを習得したものは、たくさんある書記仕事の中に収入の道を見出すことができた。内科医や外科医としての実践的な学習をすれば、様々な方面での、収入のよい地位への道が開けた。専門教育を受けた公証人は、自由意思による裁判権(個人的な法律行為、遺書や遺産の文書化)のための書類が次々に増加する際に必要となる、非常に人気のある専門家だった。都市における法的代理人としての学位と博士号を持った法律家は公平性の理由から同じ市の市民からではなく、他所から採用された。法律顧問の機能において法律家は、市参事会の土着の家系から同格と見なされ、高収入で長期にわたる契約、しばしば年金請求権を得、古い家系と婚姻関係を結ぶことを許された。学位を得た医師も、市役所医師ないし都市医師の固定したポストを得られたら、ほぼ同じく優遇された。

このように都市では、教会や身分社会で普通だった処理形式に対して、多くのことが変化していた。特に都市市民はより独立し、よりいっそう自己を意識していた。そして教会の優先権に対抗して自主性を主張するようになった時、いくつかのことを危険にさらしたのだ。彼らは目的のほとんどを達成できた。市民的な教養努力ではなく都市的自律の表現として、自己の、コミューンの学校の貫徹もそうだった。教会と国家間の闘争経験に彩られた一九世紀のリベラルな教養市民層に対して、教会に対抗して成功した都市市民は極めて共感を持っていた。それゆえ彼らは教養市民層を、力強く教会と悶着を起こし、「教養の独占」に抗して「学校闘争」を「やり遂げた」先駆者として見たがった。しかし実際には、どちらも起きていなかった。都市の学校の施設を巡る争いは、反教会的な考え方や、世俗化の傾向とさえ、何の関係もなかった。最前線はまだ、現代の研究者が考えるようには、尖鋭化していなかったのだ。

従来の教会の優先権を守った大聖堂参事会学校長にとっても、そういう事態、授業、誰がそれを行うべきかは、本質的な問題ではなかった。いずれにせよ争いは、都市がラテン語による自由七学芸の授業を行うための自分達の学校を設立しようとしたことを巡って展開したのであり、この点でのみ参事会学校校長の、その後決定的になった抵抗とぶつかったのだ。校長にとってはラテン語の授業を行う教会の優先権だけが重要だったのであり、かつそこには、親たちからの授業料支払いと、生徒たちの聖務共唱の機会を失いたくないという意図があった。

大聖堂参事会学校長と市参事会員はこの点で非常に似た考え方をした。市もそのための認可を得ると、教区教会のすぐ隣に自分達の学校を設立した。彼らも生徒たちの聖務共唱を確保するためにそうしたのだ。都市での学校の授業の実際的、内容的、方法論的な新設を先取りしていた一六世紀の改革的な学校規則でさえ、生徒たちの合唱と儀式上の奉仕を維持していたのだ。市参事会と教会の代表は相互の対立する利害を理解できなかったし、両者がスタッフの面でも緊密に結びついていた、とするものは何もない。しかし、教会が昔から持っていて、市から取り上げられる危険にさらされている法的権限を巡る争いでは、人々は二つに割れていた。

一四世紀末と一五世紀、多くの場所で、学校を巡って市参事会と教会の間で論争が起きた。争いの経過は実に様々だったし、ごくまれにあからさまな暴力沙汰にエスカレートすることもあった。北ドイツのハンザ諸都市での党派争いは特に執拗に続いた。ここ、ブラウンシュヴァイク、リューネブルク、オスナブリュック、ロストックではいわゆる「坊主戦争」（ベルント——ウルリヒ・ヘルゲメラー）が吹き荒れた。それはたいてい領主による増税から始まったもので、都市における教会の特権を不満の原因として挙げた。至る所ではないが、かなりの場所で、こういう枠の中で、ラテン語の授業のための都市の学校設立計画を巡る争いが起きたが、それはたいていの場合、市側の勝利で終わった。いくつかのコミューンは何段階かを経て都市学校を設立するか改革した。成功するまで何十年も待たねばならなかった所もあった。すでに一二五二年と一三九三年、一四一八年と一四四七年、リューベックの学校設立、学校規則、教師の雇用契約が今に伝えられている。一二八五年と一三八九年のケルン、一三一九年と一三二二年のシュトラールズントとイェーナ、一三七九年のエアフルト、一四二二年、一四五三年、一四六〇年のロストック、ヒルデスハイム、ハーメルンのものも伝わっている。

これらとは全く別の経過をたどった例が、南のアウクスブルク市である。ここでも市参事会と教会の間で様々ないさかいが起きた。市民は、たとえば教区管理や、教会学校の教師採用と授業に対して、影響力を発揮することができた。自分達の、市の学校の設立を推し進めようと思っても、司教座都市では成功の見込みはなかっただろうし、真面目に試みられなかった。

経済的に強く、同時に政治的に独立した、少なくとも影響力の大きなコミューンのある地域でのみ、私立学校は成立し得た。ハンザ地域と南西ドイツ以外で言えば、南イングランド、北東および南西フランス、上部イタリアである。都会的な知識文化は、すでに活発な都市間コミュニケーションの下で地域や国の境を越えながらも、現地では各地域での発展条件に結びついていたヨーロッパ的な現象だった。

それゆえ、ドイツ帝国の枠内では実に様々な、しかし極めて典型的な発展に至った。ニュルンベルクのような独立した帝国都市ではラテン語学校も含めて、多くの市立学校が生まれ得た。そのことで教会の施設と争う必要もなかった。司教としての市参事会員の支配から脱却することに成功した自由都市においては、事態はどこも似ていた。世俗の領域諸侯の支配下にあり、それでも経済的、政治的には無制限に行動できたいくつかの小都市は、教会との長い闘いの後にいくつかの学校を設立できた。そのひとつがブラウンシュヴァイクである。その隣のゴスラルのような、強力な教会の中心地のある帝国都市では逆に、学校政策は不成功に終わった。すぐ近くのヒルデスハイムのような司教都市にとっては最終的に、自分達のラテン語学校は夢物語のままだった。再度、都市史の一部としての市立学校政策が現れる。市民の成功の鍵になったのは何よりもまず、都市構造の状況と、それによって生じた市参事会と教会間の力関係であった。

そんなことがあってもなお問題は、自由七学芸のラテン語授業のための市立学校であった。市立学校の正式な設立に教会は反対した。しかし教会は決して、市民のためにその政治的、及び職業的日常において必要な知識の教育を妨害したことはなかった。市立学校を巡る争いが勃発したよりずっと前に、親の家であれ教師の家であれ、子供のための個人教授の多面的な可能性は普通のことになっていた。民衆語で書くこと、及び計算の授業のための学校はその間に、ネットワークのように全都市的な広がりを持っていた。その設立と経営は、市参事会の目と承認、すなわち極めて明確な認可の下にあった。

しだいに、授業運営のための規則が形成され、そのうちのいくつかは継続的な伝統になった。都市には時折、一般教育や託児のための予備学校が生まれ、小さな子供が送られた。通常の学齢には七歳で達した。そうなると子供たちは教会の、コミューンの、あるいは私立の学校に行き、民衆語、またはラテン語での授業を受けねばならなかった。学齢の終わりは一四歳だった。子供たちは学校を離れ、職業的な専門教育に向かった。同時に、一四歳は子供から青年への移行期とみなされた。この年齢で人は手工業を学び始めるか、大学での研究に向かった。間違いなく普通はそのようになっていたが、もちろん多様なバージョンが可能だった。現行の、すでに古代から伝承されているこの年齢図式は、子供と青年の区別を前提とし、学校及び専門教育上の規則はそれに従った規範を生みだしたが、現実の社会的な必要と個々の例は常に様々な変化を受け入れた。

都市市民の実践的な知識不足は十分に確認されていた。市参事会が自分達の、そして市立のラテン語学校というイメージを促進しようとし始めた、そのずっと以前から教会学校で、都市の中のその他の教育施設で分かっていた。こういう状況に直面して、子供のための教育の機会がないと主張しては働きにくいと彼らが意識していたことは、いくつかの議論に現れている。教会学校への朝の道は遠すぎる、と彼らは説明した。子供たちは日々大きな危険にさらされている、特に冬の寒さと家族の保護から離れて、というのだ。こういう議論は何世紀にもわたってステレオタイプに繰り返された。市参事会が独自のラテン語学校の設立を巡って教会と衝突した時はいつも、実に様々な都市で全く同じに、かつ、各地の状況を顧慮することなく行われた。それでも驚くべきことに、先を見通したこの能弁術的な戦術は決して無駄ではなかった。

初めてそういう議論があったのはリューベック、一三世紀半ばで、その時から既に成果が上がった。

血	黄色い胆汁	黒い胆汁	粘液
暖／湿	暖／乾	冷／乾	冷／湿
空気	火	土	水
春	夏	秋	冬
子供	若者	壮年	老年
多血質（陽気）	胆汁質（短気）	憂鬱質（気鬱）	粘液質（鈍感）

古代，及び中世の体液病理学による四図式．四つの体液，性質，要素，季節，年齢，気質．

結果はふつう都市と教会間の文字通りの権利闘争となり、様々な裁判上の舞台にもたらされ、ついには教皇による裁判に至った。両者にとって実質的な議論はほとんど提供されなかったから、裁判はその後、相互のステレオタイプな非難となって延々と続いた。通学路が遠すぎると主張した他に都市の訴訟代理人は、教会学校は必須の自由七学芸をいつも充分に、かつ完璧には教えていないと訴えた。後者の主張はいつの場合も事実上当っていた。しかしここでは、それはいささか別のことを言っていた。都市が自分自身の学校を自由学芸の授業のために、かつ、自由七学芸のマイスター（マギステル・アルティウム）の指導の下で運営し通そうとしたら、市は教会学校の教育水準を問題にせねばならなかったのだ。

自分達の学校でいずれにせよ必要なすべての知識が教えられる、通学路ももちろん遠すぎない、と教会の代理人は反論した。彼らは自由七学芸の授業を担当しているすべての学校に対する教会の古来からの監視権を持ちだし、だから市立学校設立の権利に反対する、というのだ。彼らは特に、敵側の信頼性に対する疑念を言わばバックパスすることで、仕返しをした。つまり、都市がすでに保持し、教会がこれまで黙認してきた数多くの私立の教育施設では実際にはそもそも知識ではなく単なる奇術が教えられているのにすぎない、メカニカルな学芸が教えられる、ギルドと称されるあやしげな学校のすることは、得体が知れない、というのだった。聖職者たちには間違いなく、この主張が当っていないことは意識されていた。しかし彼らは、通学路が遠すぎると指摘した都市と変わらず、聖職の裁判官が実際の事情を現場で評価することはできず、だから、都市における授業の論証的な混成物もツンフトにおける手工業専門教育も見通していない、と当てにしていた。こういう主張に対する真面目に考えられるべき背景は、基本的な、民衆語による教養と実践的、技術的な知識はすでに都市において広範囲にわたって互いに結

リューベックの学校での「拾得物」．1370 年ころ．蠟板と鉄筆は既知，丸く平らな端を持つ木の棒は未知．拾得物の日付は，ラテン語の手紙である蠟板への書き込みから推測された．

びついていた、という点にあるのであろう。そもそもこういう事実はラテン語での自由七学芸の授業に対する教会と都市の学校を巡る争いとは、何の関係もなかった。

都市にとってふつう、遠隔地で何箇月にも及ぶ訴訟を維持すること、その地で代理人と、コンタクトを取るための使者を雇い、裁判費用と写しを取るための費用を払うのは、極めて高額な出費と結びついていた。あれこれの賄賂もあった。都市にとって学校政策はいささかの費用を必要とした。そのことに成功すれば都市は、地域の聖職者、教団あるいは教会参事会の聖職者、さらには司教の管理機関による一切の異議を排除した大学、あるいは教皇の権威による独自の市立学校設立の法的認可を得たのだ。

この自由意思による出費自体、驚くべきものであるが、もっと驚異的なことがある。都市は、正式に結んだと思われる雇用関係を、学校の設立に成功すると、極めてしばしば、そのかなりの部分を取り消したのだ。都市の会計簿には校舎建設の費用はほとんど見られないし、私立学校の物的、人的確保のためのその他の処置もない。そもそも、校長を雇用した証拠が全くない。

校長が採用されると、ただちに問題が生じた。市参事会は可能な限り校長の給料を節約し、同時に彼を極めて広範にわたって、永続的に自分達のコントロール下に置こうとした。一般に地位のある学者が獲得されると、そんな状況下では学者はすぐに職場を放棄してしまった。ふつう人々は、かつてはいかにも望んでおきながら、学識あるマギステル・アルティウムの金のかかる採用に尻込みをした。その代わり、安い給料で得られる者を雇った。バカラリウス（大学入学資格者）、リケンティアート（低位の有資格者）、学位を持たない大学卒業者、要するに、ゆだねられた職務を実際には果たせない、資格の低い人物だった。そういう人物でも最終的に、できるだけ早く学校でのポストを離れ、より収入の多い聖職者としての教会禄を得ようともくろんだ。

聖職者の憂慮すべき教養水準を上げるべき真剣な改革要求の結果として、一般に、参事会学校長によって自己負担で雇われる代理人の知識水準が改善された。今やより多くがマギステル・アルティウムになった。それどころか、教区聖職者の教養水準もはっきりと改善され、そこでも学芸マギステルが求められる資格となった。それに対して、市立学校長は、少数の例外を除いて、ついに元の低い水準のままだった。市参事会にとっては、市立学校への熱心な関与に関して、実際には都市での教育状況の改善は問題ではなかった、ということへの証拠が必要であるとするなら、それはここでは見つからないだろう。

しかし、賞賛すべき例外もあった。ベルン〔スイス〕のような少数の都市は学校長に充分な給料を払い、その上彼らに、さらなる研究の継続を許した。ウルム〔ドイツ〕のような他の場所では、それ以前から既に、教会学校の業績状況が入念に調べられていた。いくつかの市立学校では高度のラテン語、論理学の授業が重視された。一五〇〇年ころ、ということは人文主義の影響下、市立学校では聖職者としての叙階を求める生徒も、授業に受け入れた。都市はそのことによって、あらゆるところで求められる、聖職者の教養水準向上に関与したのだ。しかし特にウルム、その他若干の場所では、市民の子供たちのための高度のラテン語教育を、もはや例外ではなく、修道院文化や、あるいは計画された可能性から見れば、参事会学校におけるように、通例にまで高めることに成功した。一四世紀初めまではまだ聖職者が市立学校の教師として働いていたが、今はもう教師としては平信徒しかいなかった。

しかし依然として学校は、その担い手の施設を通して定義されたままだった。以前は教会だったのが、今は都市になったのだ。都市は近くの通学地域から生徒を受け入れたが、中にはそれを越えた者もいた。

例外的にのみ、そして人文主義の時代になって初めて、たとえばアルザス地方のシュレットシュタットやオランダのデヴェンターのように、学問的水準の学校の周りに超地域的な教育の中心地が生まれた。

広く普及した市立学校が計画的に学問的知識と実践的知識を結びつけ、しかし実際には有益性志向の行動知識の確立に支配されていたのに対して、これらの超地域的な中心地では、以前の優れたカテドラル学校でのように、古典的、学識的な教養知識の内容がその中心へと再登場した。今や人々は改めて、キリスト教徒であれ非キリスト教徒であれ、あるいはまた古典古代の著者であれ、多方面の権威による伝統的なテキストとの取り組みに目を向けたのだ。テキストとの取り組みについて学問的な方法も進歩し、高度な古典的ラテン語、人文主義的な哲学、神学が奨励された。そういう中心地が写本による、特に印刷による書籍の制作、販売の場所になったのは、偶然ではない。

やがてまた、イル・ド・フランスでの盛期中世のカテドラル学校との第二の並行現象が見られた。ヨーロッパ全体からやって来た、人文主義的な知識に関心のある人たちによる教養の旅である。他の多くの人がしたように、ミルテンベルク・アム・マイン出身のヨハネス・ブッツバハは、収入を確保するために司祭になる計画を立て、そのために小都市にある最も近い学校に通い、その後いくつかの回り道をした後、最終的にデヴェンターの有名な学校に移った。他の人たちとは対照的に彼は一五〇六年に出版したいわゆる『放浪の書』でそのことを詳細に書いた。知識を得るために遠隔地へ行く教養の旅の魅力と危険がそこには印象深く描かれている。

もちろん、授業と学校の名声を形作る校長の個性は変わっていなかった。ブッツバハはこう語っている。「年ごとに開かれている市場と並んでデヴェンター市を有名にしている別のものがある。ギムナジウムだ。昔から極めて有名だったのは、それが一時期、学識ある学長の下で最高の管理を持ち、教養の奨励を通して栄えたからだ。教養ある人で、三つの言語を操る真の哲学者、詩人、司祭であったアレクサンダー・ヘギウスの死後、私が今、そこから来た人に聞いたところ、その学校は残念ながら当時の状況からかけ離れてしまったとのこと。学校をないがしろにする校長がどれだけの損害を引き出すか、いつも注意深くしている校長の努力が学校にどれだけ役立つか、人々は今一度、認識している。」

ロッテルダムのエラスムスもその生徒の一人だったデヴェンター学校をその最高の意味を持っていた段階で指揮していたアレクサンダー・ヘギウス（一四九八年没）は間違いなく傑出した人物だった。しかし決して、唯一の高い学識のある校長ではなかった。広い通学域からの二〇〇人を下らない生徒たちが彼の時代、授業を受けた。

一五〇〇年ころになってもまだ教師の個人性が中心にあり、学校はその教師の個人的な共同体として生徒たちと結びついていた。他の教師個人も同時に、その広い知識のゆえに、そして常なる、日々の学問研究のせいで生徒たちの称賛を浴びていた。

デヴェンターやシュレットシュタットのそれのような学校は、市立のラテン語学校という環境から出発した数多くの先輩たちに比べて、さらに重要な一歩を推し進めていた。それは人文主義的な知識と教育の場とされ、それゆえにこそ、旧来の学校とのプログラム的な水準の違いを浮き立たせるために、ギムナジウムと表記された。それは概念的には修道院学校や参事会学校から解放され、中世後期の市立学校の世界を背後に追いやり、そもそも初めて、「スコラ」という一般的な語源を越えた独自の概念を見つけ出した。

高い自己目標、修道院文化の伝統から出発した現行の学校形式への風刺的批判、そういうものが新しい学校の環境を特徴づけていた。もはやタイトルではなく、事実として現前する、学識ある知識が問題なのだ、批判的な声はそう語った。「何が必要か、禿げ頭に載せる博士帽か」とブッツバハは問うている。こういう学校で重視されるのはもはや、伝承された内容の丸暗記ではなく、その理解だというのだ。今や人々ははっきりと、そして最終的に、古い修道院文化の学習形式、「講読、瞑想、回想」は追放すべきだ、と考えた。

ここでもやはり、教会からの基準や伝統に対する批判は、決して反キリスト教や世俗化を意味しなかった。デヴェンターでは同時に、人文主義的な学問とともに、そしてそれとの結び付きにおいて「デヴォティア・モデルネ（現代の勤行）」という宗教運動が確立されたが、これは極めて修道院的な相貌を持っていた。学問における方法と教授、そしてその社会的な応用が問題とされた。

古典古代の知識内容への計画的な回帰と、教会的・スコラ学的な秩序支配からのその美化的な離反の中には、学識ある知識をことさらに高く価値づける姿勢があった。この知識はしかし、もっぱら理論的な学識として理解されたのではなく、必然的な、実践的な有用性と関連づけられた。人文主義的な学校の代表者たちは特に、こういう観点からは役に立たないスコラ学者たちの知の殿堂を鋭く批判した。実践から遠く離れた論理学も、彼らはそういう点で見たし、応用との関連のない機知に富んだだけの練習問題もそうだった。スコラ学の論証術に対する風刺もこういう環境で生まれたのであり、針の先に天使は何人乗れるか、といった神学校長の中味のない見かけ上の問題に対する風刺的な注も同じだった。

人文主義的な考えを当時の学問に取り入れた改革は広範囲に広がり、かつ長続きした。しかしそれは知識文化を決して完全には支配しなかった。学問的な考え方の自由に対抗する教会的な教えの窮屈な基準に対する批判とか、知識文化の超地域的な中心への積極的な移動は新しいものではなかった。しかし様々な意味でそこには新しい雰囲気があった。

13 大学における古いものと新しいもの

学問的な考え方を教会によるコントロールの枠から解放しようとの要求は、古くから知られていた。それは一二世紀、フランスのカテドラル学校での学問の萌芽の時代に由来する。教育の独自の方法と新しい組織形態が当時そこから発達したし、さらにそこから、西欧的な大学の端緒がいくつも起きた。それらもまた、知識仲介に関する他のすべての中世的な形式と同じく、教師と生徒のスタッフ的な結びつきを特徴としていた。

イル・ド・フランスのカテドラル学校の数人のマギステルが少しずつ伝統の方法論的な桎梏から自分を解放しつつあり、独立した思慮から独自の問題を設定し、それを権威者たちのテキストに向け始めた。おそらく偶然であろうか、それに刺激されたのだろうか、新しい形式のスタッフ組織がいくつも生まれた。これらのマギステルは自分の話とその方法論を聞きたいと思い、授業料を払う準備のある生徒たちを身の周りに集めた。大聖堂とその生徒の結合の中から次第に二つの側面が増大した。彼らはやがてフリーのマギステルと呼ばれるようになり、そういうものとして、知識伝達のための学問的な、及び組織的な再開を具現していた。しかし同時に、設立された学校とその指導者にとってはさらに増大した挑戦でもあった。以前はカテドラル学校の教師だったフリーのマギステルがその生徒グループとともに学校という空間から出て、別の場所で教えることによって、彼らははっきりと伝統の壁を打ち破った。そうすることで彼らは、学校がより上位の担い手の施設に組み込まれているという状態を克服したのだ。

伝承されたものの枠をやはりはっきりと放棄した新種の学問的方法も似た事情にあった。もっと詳しくいえば、その新しさは、自由学芸の規範における弁証法として従来の狭い意味で位置づけられていた論理学を方法論的な独立性を持ったものとして芽生えさせた点にあった。論理学はもはや神学の道具ではなく、逆に、神学こそが論理学の規則に従って進められるべしとされた。これはそれまで考えられなかったことであった。それぞれの関連における論理的論証の自由さをもって、古典古代の、非キリスト教的テキストも含めて、すべての権威に向かって、従来全く知られていなかった方法で立ち向かって行き始めたのだ。理性（ラティオ）が信仰（フィデス）を支配すべきで、少なくともその逆ではないとされた。両者は互いに調停され合うべきものであった。その点に、そして論理学の方法論的な独立の中に、修道院文化、あるいは、大聖堂ないしカテドラル学校の伝統に抗する爆発力があった。

シャンポーのギヨーム（アベラールの師）はこういう新しい教師の初期の一人だった。もっとも彼自身はまだフリーのマギステルには数えられていなかったが。パリの長年にわたる大聖堂参事会員にしてその神学校長として彼は、一一〇八年のある日、その確固とした道を捨てる決心をした。パリの南、サン・ジュヌヴィエーヴ山に律修士参事会員による宗教団体を設立し、そこで弟子たちと交わった。これをきっかけにして、後に非常に有名になったサン・ヴィクトル教団、及びそれに劣らぬ名声のある学校が生まれた。この嚆矢は設立者たちを熱狂させるほどに極めて持続的な効果を発揮した。一二〇〇年ころまでサン・ヴィクトル教団は先端的な地位を守り得たが、その後、急速に没落の段階に入った。

フリーのマギステルがカテドラル学校の狭隘さを克服したように、彼らは今や、知識伝達者の新しい、やがて模範的となった場所としての大学の成立によって先を越され、組み込まれてしまった。この過程は決して内部のことに留まらず、やがて学問的な自己組織と政治権力の注目すべき共同へと移って行った。王宮は独立して起きた新しい変化に極めて注意深く反応し、それをすぐに利用しようとした。発展がどこに向かうか、ただちに明らかになった。直接にその経緯に介入することなく、王は明らかに、改革がはっきり現れる、最も早い時期を利用したのだ。彼は一二〇〇年ころまでサン・ヴィクトル教団に精神的中心として特権を与えていたが、この年に、フリーのマギステルによる新しい学校に最初の特権を与え、以降、一貫して、生まれ来る大学を支援した。

こういう動きの中で、伝統の決まり切った道の中で同じほど明確には身を立てられなかった若い過激な人たちが大いに発言し始めた。彼らは獲得した自由を使って、自分達自身の出発点だったその秩序に真っ向から立ち向かったのだ。

まだ高く尊敬はされていたが、シャンポーのギョームのような人物は、今や批判された。大聖堂参事会員職から離れて自分が設立した教団の修道参事会員に移るという彼の驚くべき個人的な転換、パリの大聖堂学校と張り合ってそこに自分の学校を設立したこと、それらすべてのことは必ずしも、学問的な好奇心、または宗教的な確信の表れとは解されなかった。その背後に、己の利益のための巧妙な手口を想像することもできたのだ。もっとも、名声ある学者にそんな嫌疑を向けるなど、ふつう誰も敢えてしなかったが。

彼の弟子の一人、ピエール・アベラール（一〇七九～一一四二年）がそれを敢えてした。ギョームが最終的に司教職を引き受けたことをアベラールは、彼が初めからこの目的、つまり実入りのいい教会禄をもくろんでいた証拠と見た。しかも彼の批判はさらに進み、ギョームの学問的方法論に、そしてアベラールにとっての別の教師の一人で、ギョームに劣らぬほど有名だったランのアンセルムスの方法論にも向けられた。彼らは知的に固定している、近代性を自称してはいるが伝統的な方法論の信奉者だ、アベラールはそう考えた。世間の受け取り方とは正反対にアベラールはその教師たちを新しい人とは見ず、修道院的な学識のレールに乗った人たちと見たのだ。実際には両者とも、百科全書的・注釈的な学問の芽生えを代表していた。それは、伝承されたものの保存的な収集と単に入念な注釈を目指していたのだ。新しい論理学は長足の進歩を遂げた。

その論理学はアベラールによって自立した学問的方法として発展させられ、教えられた。カンタベリーのアンセルムスの『信仰の理性』が始めたことが、まずはアンセルムスへの驚くべきほどの回帰をもって、アベラールによって引き継がれた。中心にあったのは依然として、論理的な矛盾はどう扱われるべきか、という問いであった。アベラールはアンセルムスがしたよりもはるかに決定的な一歩を進めた。彼は矛盾に反応しただけでなく、それをまさに探したのだ。主著『然りと否』で彼は論理的な処理をやって見せるために、権威者たちの書物にあるいくつかの矛盾する陳述を対峙してみせた。おそらくそれによって、彼自身が意識していた以上のものが学問の自由のために獲得された。さらに体系的に、同時にさらに包括的に、しかし基本においては変わらぬものが後に盛期スコラ的な大系として構築された。

その最も輝かしい成果がトマス・アクィナスの『神学大全』であった。

「横溢する言葉の中で異なることだけでなく矛盾することも言われているので、それについて判断するのは大胆すぎることではない」、アベラールは『然りと否』の序言の冒頭にそう書いている。「異なることを異なるように価値づける」のがモットーだった。そして彼は、合わせて「ということと、そうでないということ」にならった見出しを付した、少なくとも一五八の省察を列挙した。その最初が、「人間の信仰は理性のせいで強化され得るし、され得ない」を扱っているのは偶然ではない。それぞれに権威からの引用があり、ある引用にはある主張が、別の引用には別の主張が続いている。彼の弟子たちが伝承されたテキストを読み、それを自力で理解できる、というのがこの方法の意図だった。

あっと言う間にアベラールの下には関心を持った生徒たちが押し寄せ、彼の周りに支持者の輪を形成した。彼は独立した、フリーのマギステルとして教えた。自分の教師の生徒たちから解放されたのだが、その限りにおいて、かつてのシャンポーのギョームとよく似たことをしたのだ。しかしアベラールは他の誰よりも、当時の生徒と学者を燃えるような崇拝者たちと融和不能の敵という二つの陣営に分けた。その中には有名な人物がいた。敵対する側にクレルヴォーのベルナール、それに彼をベルナールの待ち伏せから守った、自己陣営のペトルス・ウェネラビリスだった。アベラールの明らかに傲慢な押し出しは前線の尖鋭化に寄与したことだろう。そして、個人教授において、託された娘たちの中に、物覚えのよい女子生徒以上のものを見つけてしまったという事実もそうだった。彼女の親戚たちによる追跡の劇的ないくつもの場面と彼の肉体の一部が失われてしまったことが、その報いだった。しかしながら特に彼の方法論的な独立性は他のマギステル達を刺激した。彼は教会当局から何度も断罪され、著書を焚書に処せられたことさえあった。それでもどんな境遇にあっても、誰も彼を黙らせることはできなかった。

　再びあるマギステルとその弟子たちが、知識仲介についての従来の内容的、方法的な秩序と、そしてスタッフ的な組織形態と縁を切った。新たに一人のフリーのマギステルが弟子たちを身の周りに集め、既存の学校の固定的な形式から飛び出し、自分の授業を組織した。しかしそれは、さらに教師と生徒間のスタッフ的な結びつきを越えるものだった。ここ、大学の初期の歴史において、当時すでに、そして後に振り返ってみて何度も、それほどまでに徹底して従来の生活様式を捨て、別の新しい道を行くべく、何が若者たちを動かしたのか、という問いが浮かび上がって来た。勉学意欲の個人的な動機として今日なお認められるべきは、そして大学成立の動機として導入されたのは、成句的に言えば「学問への愛」だったのか（ヘルベルト・グルントマン）。

　しかしひょっとして、さらに別の考え方や意図がそこに加わったのか。新しい学問とその学校がただちに、そして継続して政治権力から奨励されたことが、そこで何らかの役割を演じたのか。生活と出世への期待が補完的な動機としてもちろんそこで前提されたであろう（ペーター・クラッセン）。アベラールがパリを去り、自分の学校を設立する決心をした時、それに適した地として彼がメレンを考えたのは決して偶然ではなかった。都市であり王の居城地なのだ。

　ピエール・アベラールのような人の個性の徹底性は最終的に、知識に飢えた人を学問に導き、その結果として必然的に時代状況への批判に向かわせたのは、依然として数多くの衝動だったし、いつの時代にもそうであろうということを明確にしてくれる。重要なことを自分で報告できるという意識で、アベラールは次のような注を記録した。彼は『情熱史』において告白的な口調で心を打ち明けているが、それはあまり個人的な告白とは解されるべきでないだろう。むしろ彼は、しっかりした様式的なセンスとレトリカルな手段で、彼が言わずにいられなかったものを秩序立てた。そしてよく知られた次の常套句を自分に向けたのだ。方法論的で自由な学問への思うに任せない努力、知識の中心への移動、勉学のための転向、教師たちとの葛藤、生徒たちの称賛。

「哲学全体の中で、私は論理学が最も気に入った。論理学という武器の代わりに、精神の戦いにおいては耳にピアスの穴をあけるくらいの役にしか立たない騎士の武器など、放棄してしまった。論理学の研究のためなら私はその学問の中心として知られているあらゆる場所に赴き、古典古代のように遍歴哲学者になった。そして最後に、論理学研究の中心であるパリへ来た。シャンポーのギョームが私の教師になった。彼の論理学講義は有名で、かつ、それに値するものだった。私はしばらく彼のもとで研究し、当初は熱心に彼に従った。しかし後に私は彼にとって特に不快なものになってしまった。私が彼の学説のいくつかに逆らおうとしたからだ。私は敢えて反論を提示した。その結果、数回にわたる言葉による戦いで、私は教師に対する明らかな勝利を得た。しかし私の勝利は、すでにそれなりに名を成していた弟子たちをも刺激した。彼らは、私が最年少で、まだそんなに長く研究していなかっただけにいっそう不満を爆発させた。私は若かったので、自分で学校を設立したかった。しかし私の教師のギョームはその計画を察知してしまった。彼は、私の新設学校が彼の昔からの学校からできるだけ遠くになるよう、取り図ろうとした。それで、私がまだ彼の弟子の一人である限り、すべてを秘密裏に推し進め、私の学校設立を遅らせる、せめて、学校用に私が予定していた場所を不可能にしようとした。」

アベラールは弟子たちにのみ支えられたのではなかった。有力者たちが彼を助けたのだ。そうして自分の学校を設立するという計画はあらゆる妨害に抗して貫徹され、日ならずして生徒が押し寄せる事態になった。それからまたしばらくして、彼は学校をパリの近くへ移した。その後になって初めてシャンポーのギョームによるサン・ヴィクトルの設立に至った。アベラールは再び彼に同調したが、改めてギョームの説に反抗し始めた。少なくともアベラール自身の表現によれば、彼は師の名声を失墜させることに成功した。今や彼はもっと先にいた。アベラールはギョームの師であるランのアンセルムスの下で学びたいと思ったが、彼をも最初から論破するつもりだったかどうかは明らかでない。しかしその論調はいずれにせよ、アンセルムスに対する否定的な評価になっている。ここでも、読者がアベラールの発言の露骨さを彼が作りあげた意図のせいにするか、それともそこに描かれているアンセルムスの個性のせいにするか、読者自身に任されている。

「ギョームの師、ランのアンセルムスは以前から神学上の最大の権威だったし、その評価は依然として高かった。それで私は彼のもとで神学を研究する決心をした。しかし彼はすでに老人で、偉大なる名声も彼がかつて獲得した経験に基づくものであり、もはや格別の知的水準によるものではなかった。何かの問題で彼の助言を得ようと訪ねてみても、行った時より帰りの方が虚しいというものだった。教師としてしゃべっている時の彼は幻であって、問いかけてみても無に等しい。彼の溢れんばかりの言葉は驚くべきものだが、その基づく所は日常茶飯のもの思いに過ぎない。その火は家を煙で満たすとも、何物をも照らさない。」

知識の評価について、多くのことが変わってしまった。教会学校の場合と違って、現実の知識内容は、それが可能な限り長い伝統に帰せられるということは、もはや正当化され得なかった。今やそう言えるのは、学問的な独自性だった。その理想像はもはや、その知識が共同体の指示に従っているような、そんな聖職者共同体の学識あるメンバーではなかった。今や、意識して自分のものだと理解している理性に責任を持たせた論理を携えた、フリーのマギステルが登場したのだ。そういう人はそれゆえ自分が自由だと思っていたし、自分自身が教師であり校長であり、それによって自分自身の名声を挙げる権利があると思っていた。しかしこんな「現代性」もアベラールの場合でさえ、彼が知識の仲介を教師と生徒というスタッフ的な結びつきを通して支配する、という状況は変えられなかった。批判した教師たちに対する無用性という非難を通して、彼はまた、学識ある知識をその有用性に従って評価した。

時代の現実性の中で、フリーのマギステルと初期の大学による学校も、すでにそれなりに発展していた。自己形成という形式を自らはっきりさせるにつれて、それは世俗、聖職両方の権威の特権を通して継続的なもの、正当なもの、確固としたものになった。教会、コミューン、その他の外部の担い手と結びついていない最初の知識仲介施設として、大学はすでにその初期段階で、独自の機関となりつつあった。

フリーのマギステルがカテドラル学校から離反した場合と違って、この過程においてすでに、そして大学がさらに発展し、独立化するにつれても、当面は非学問的な議論が重要な役割を演じた。パリでは大学で内容的に、方法論的にさらなる発展があったが、カテドラル学校やフリーのマギステルの学校も発展した。大学の機関的な特徴は、支配者と社会がそれに寄せた期待、及びそういう転換が大学を奨励する条件になるかどうかという期待次第で決まった。支配者側、そして社会の側の要望による大学の有用性という観点での標準的な利害に従って、組織形成、及び科目選択の重点も変化した。

西欧の大学に二つの競争モデルが形成され、それはその後のすべての大学設立を特徴づけるものになった。一つのモデルはパリで適用された。自由学芸（アルテス・リベラレス）の四学部、及び神学、法学、医学の学部を持った大学で、アルプス北方のすべての大学の設立で模範となった。もう一つのモデル、ボローニャ大学は唯一の学科、法学に集中した。新たに、学問的・内容的な、そしてスタッフ的・組織的な発展が並行して起きた。パリ大学は教える側がイニシアティヴをとり、教師と学生の共同体と解された。これに対してボローニャ大学は学ぶ側のイニシアティヴで出発し、その中心に共同体があった。

パリもボローニャも両方とも完璧な形の設立ではなく、行動する人たちのイニシアティヴによって少しずつ生まれたものだった。支配者側からの特権授与で、それぞれの発展段階が跡づけられた。これに対して、その後のすべての大学設立は例外なく様々な世俗、聖職の権力による設立、基金による設立行為だった。

フランスの王が成立しつつある大学に積極的に特権を与え、それを保証したということは、管理や支配行為の影響力という点で学識ある専門知識・能力に対する関心からも分かる。しかしいつものように、この特権も願い出て得られたものだった。それでマギステル達は王の方を向いていた。以前、彼らは教皇の宮殿に書面で訴え、そこでも成功していた。すでに一一九〇年、教皇ケレスティヌス三世は遍歴学生（スコラレス）――大学で学ぶ者、学生は今も、そしてずっとそう呼ばれてきたが――の管轄を教会の裁判権の下で行った。この特権は聖職のスタッフにのみ有効であり、ずっと長い間、大学で教える者、学ぶ者の圧倒的多数は聖職者身分に属していた。フィリップ二世尊厳王は一二〇〇年に彼の側からこの状態を確認した。

ある恐ろしい結果、学問の萌芽の過程でのスタッフ的な改革の負の面がここで現れてくる。教会施設に所属しているということは、教師にとっても学生にとっても常に間違いなく束縛であったが、同時に保護をも意味したのだ。与えられた枠から飛び出すのは、結果としてこの保護の喪失を伴わねばならなかった。研究の場への途上で、そしてその滞在の間、彼らは保護のない状態であり、他人から危害を受ける、襲われる、略奪される可能性があり、実際にそういうことが起きた。新しい学校のマギステルや生徒をして、支配者の宮殿に赴いて保護保証を願い出、その特権をもって大学の機関化を軌道に乗せる方向に向かわしめたのは、そういう単純な安全願望だった。

支配者の手配を通じて保護なき状態を解消しても、問題が完全になくなったわけではない。特権によって教師も学生も確かに保護はされたが、独占的な正当性を犠牲にしてのことだった。彼らは特権グループになった。聖職者にいつも適用されて来たものであり、都市市民からいつも繰り返し批判されたのと、全く同じだった。大学も都市に位置していた。それで、大学関係者に許された特権状態ゆえの市参事会および都市住民との緊張関係は、遠からずやって来た。

それにもかかわらず、こういう特権身分を持った新しい大学はいち早く、都市における独立性の保証によって昔から利用され、大きな成果を上げて来た同時代の組織形態に対応した。個人としてではなくグループとして教師と学生は、特権状態を与えられる保護権を受け取った。彼らはそれによって団体として認められ、法人格にさえなった。個人は新たな所属権、今や大学という団体への所属を認められ、それによって団体のすべてのメンバーに適用される保護を得た。

フリーのマギステルとその生徒たちの自己組織が団体という機構にまで至ると、その団体はその後さらに内部組織を作りだした。続くわずか一〇年内、一二〇八年までにはパリで団体的な規則が発展していたのだ。この独立した発展の歩みに続いたのが、その正式な公認だった。教皇インノケンティウス三世は「パリに住む神学、教会法、自由学芸のすべての博士」に法的共同体として、ウニウェルシタスとして呼び掛けた。新しい学校に対する最終的な概念が見つかった。ウニウェルシタスの範囲内で、様々な学科が四つに分割された。当初、各学部の総体がウニウェルシタス法人と同義語になった。そのアイデンティティーはスタッフ的な共同体、「教師と学生のウニウェルシタス」である点にあった。

この発展も出世物語である。ましてや、西欧の大学の今日まで数世紀にわたって続くさらなる歴史を見れば、なおさらである。もっとももうそのころから敵対者には事欠かなかったが。大学関係者の特権を批判したのは都市だけではなかった。市立学校の成立の際と同様、教会の監視機関は自分達が無視されていると思った。司教、大聖堂付属学校長、パリ・ノートル・ダム大聖堂の尚書が教区のすべての学校の監査を任され、やってみると、彼らは、教皇と王の特権という保護の下で対峙し、団体としての性格上、自分達が影響を与えられない、そういう組織の前にいると感じさせられた。

しかし彼らは法令の中にある隙間を見つけた。大学の教師がカテドラル学校マギステルへの所属も、大聖堂付属学校長の監視も免れているとしたら、いったい誰がその資格授与と雇用を監督するのか。一二〇八年になってなお、ノートル・ダムの尚書は大学教師の教員免許を決定し、服従義務を要求する権限を給料に照らして当然のことと主張した。

大学はこれに対して教皇インノケンティウス三世に訴えた。その特使ロベール・ド・クルコンは一二一五年に、大学自身がその組織を統御し、自ら規約を作る権利を有する、と発表した。司教と証書は権力問題を持ちだした。それは、上位の機関によって、かつ、自己の利害に逆らって、そういうものと決められていたのである。教員免許はやがて手続き法的に正確に定められたが、アカデミックな資格一般の最初のものであるだけでなく、大学（ユニヴァース）の普遍性（ユニヴァーサリティー）に対する歴然とした徴《しるし》でもあった。カテドラル学校の場合と違って、免許はその有効条件として、今やもう施設や教区に限定されていなかった。それは全キリスト教地域で有効とされた。ただし、いくつかの大学はよそで獲得された免許の承認に関して、慎重だったが。

今日に至るまで、自己管理と規約作成の権利は大学の最も崇高な自治権の一つである。かつ、いつの時代にも権力問題になり得る。委員会仕事による教員側の負担について、ありとあらゆる正当な訴えはあるが、この自治の権利が大学の初期段階で苦労して勝ち取られたこと、そして、何度も死守されねばならなかったことは、決して忘れてはならない。

社会的な諸権力からの利害や影響は大学にはもはや、中世のすべての他の学校形式の場合と同じく、担い手の施設を通しては仲介されなかった。大学は自由であり、その学問的作業や学説の内容と方法については、自分で決められるべきものだった。しかし社会的な諸権力の利害はすでにそれらによる特権付与へと繋がっており、それは今やあからさまに、知識の新しい場所に対する彼らの側からの有用性願望の方を向いていた。王と教会は同じ程度に、管理のための資格のある専門知識の養成、特に法学者の養成を期待した。

教会、それに教皇の期待はさらに進んでいた。彼らはパリ大学に神学研究のための規範となる中心地を求めた。教義の学問的な確立と神学者養成のためであった。そうなればパリがあらゆる神学的・教義的な論争や決定に際して助言を求められるだろうというのである。協議や決定の権限を持つその種のセンターはまだ存在していなかった。教えられる知識の有用性との関連はまだいかなる時点においてもそんなに緊密には権力中枢と結びついていなかった。それだけにいっそう、そういう期待が生まれたこと自体、驚くべきことだった。中世後期において、教会法的、神学的に重要な対立、教育論争、異端処理に際して、パリ大学の神学者たちが鑑定人に立てられ、助言を求められた。

ボローニャ大学の成立史は全く別の経過をたどったが、やはり少なからぬ成果を上げた。ここもやはり創立記念日は分からない。同じように、特権を与えられることによって初期の自己組織の段階から機関化へと進んだからである。パリ、ボローニャ、両大学とも創立の正確な日付を欠いているので、どちらの伝統の方がより古いかの論争には決着がついていない。双方で何度も創設伝説、奇妙な溯上がでっち上げられた。一五世紀末のある写本には、古代末期の、金のかかった作りの、彩色挿画のある空想上の場面が見られる。皇帝テオドシウスと教皇がボローニャ大学に特権を授与しているのである。枢機卿と都市の守護聖人がそれを受け取っている。彼らの下方には法学者たちが見える。大学の始まりは学問的な萌芽のダイナミクスと流動性に基づいていたとする現代の視点からは印象的なのだが、それは持続的、かつ直線的な伝統への中世的な欲望にとってはかなり問題があった。

パリと違ってボローニャは始めから、より高度の学問の規範や新しい論理学ではなく、基礎的な、実践志向の知識内容、学識ある法学に関連づけられていた。至る所でますます必要とされた公証人仕事（アルス・ノタリア）は「適用された法知識」として強力な役割を演じた。将来の公証人養成により、法学の中心的場所としてのボローニャには高度の意味が与えられた。実践的利用のための学識ある知識の仲介を求めたものであった。修辞学から発して一二世紀以降、やはりボローニャでその核を形成した様式的な散文の芸、書簡体が独立したものになった。この知識も至る所で需要があり、中世末期には、独り立ちした、民衆語による幾多のヴァリエーションを生みだした。

ボローニャには、法学の研究を含む大学の根拠となり、学識的法知識と実践的法知識間に継続的に刺激し合う潜在力を提供する独特のインフラストラクチャーがあった。ボローニャは法科大学としての学部は持っていなかった。しかしそれはやはり一つのウニウェルシタス、学ぶ者の、遍歴学生のそれ（ウニウェルシタス・スコラリウム）だった。そこから法科学校の発展へのイニシアティヴが出発したのであり、一歩ずつ、一二世紀末まで、一つの団体にまで発展したのもそれだった。教育プログラムを確立し、教師を選んで給料を払った。それは現実のユートピアに見える。

実践的な問題はしかしながらパリの場合とほとんど変わらなかった。ボローニャの教師も学生も、研究のためにそこへ行く途上で、そしてその土地に滞在中に、襲撃されたり、困難な立場に立たされたり、裁判所に引きたてられたり、略奪されたりした。当時の人々は好んで、集団に所属しているという立場で考えた。たとえば、商人的な環境出身ののんきな債務者はしばしばボローニャ市民を苛立たせた。それで彼らは、その債務者と同国人で別の大学関係者に請求することで、穴埋めさせることがあった。上位の機関から相応の特権を得ていたからこそ、こういうしばしば起こる出来事に対してある程度効果のある保護が得られたのだ。

ボローニャの学生にとってその状況が役に立った。一一五五年、ホーエン・シュタウフェン家のフリードリヒ一世が皇帝戴冠のためにローマに来たのだ。この出来事は好都合だった。人々は彼に、大学のよそ者の教師と学生がその同郷人のための債務拘留から解放されるべき文書の草案を提出した。中立人は法学の教師だった。そこにはこうあった。「何人も、勉学の地、及びそこへの途上、帰路にある勉学に志す者を妨げてはならぬ」。学生たちはそこに自分のことを遍歴学生と書いた。フランスのカテドラル学校での学問的萌芽の特徴だった教養の移動は、今や大学生活の通例であった。

フリードリヒ一世は求められた特権を喜んで承認した。「正当な習慣」としてその文書は公示される。ローマでの戴冠後皇帝は、その文書がローマ皇帝の法律文書集に収められるべく命令した。保護を求めるボローニャの大学関係者の嘆願書から帝国法が生まれたのだ。

確認文書に学生たちが自己署名したことだけが有益なのではない。それは他人に対する自己表明でもあり、そこに書かれた状況に対して様々な意味で初めて一つの概念を与えたのだ。そもそも彼らはなぜ遠隔の地に勉学に赴いたのか。学問に対する愛――よく言われる「アモル・スキエンティアエ、アモル・スキエンディ」――がここに初めて表現され、一一五五年の特権授与の公開を通して、一般に知られるようになった。その研究にはいかなる有用性があったか。法の知識が世界を照らした、彼らはそう書いた。

一一九〇年のパリと同様（この観点からは数年前かもしれない）、大学の権威の特権を通して、ボローニャ大学の法的・団体的な独立性が確立された。この大学もまた自己管理の権利と規約の自律を獲得した。大学関係者の様々な特権もはっきりと記述された。今後は裁判の自由な選択権を持つべし、領主の強制裁判を免れるべし、司教、または法的知識のある教師を裁判官として依頼すべし、とされた。

教皇ではなく（未来の）皇帝がボローニャのために文書を残したのだ。パリと違ってボローニャでは、神学者ではなく法学者、それにもう無条件にではないが、多数を占める聖職の学生、教師たちが利害の中心にいた。どちらの大学当局も、そして王や地域の権力も、大学を支援することで学問とその代表者たちを奨励したがった。その両方を自分の利害に役立て、知識仲介の新しい、主要な場所を自分のために利用するためだった。学識ある知識の仲介を推進することは彼らにとって自己目的ではなく、この知識の応用の一つの目的、つまり実践的な知識の需要が仲介の内容と方法に影響を与え得る可能性という、別の目的に役立ったのだ。

すでに早くから、学識者を養成し、大学を設立、優遇することが支配者の自己表現として利用できることもよく知られていた。知識政策は権力の問題だけでなく、威信の問題でもあった。形の上では思いやられながらも、実際的な支援がないという負の面は、すでにボローニャの大学関係者が経験していた。皇帝フリードリヒ一世が戴冠式から帰還した時、彼らは再び皇帝のもとに赴いた。一一五五年の特権にもかかわらず、教師と学生の危機状態は少しも変わっていなかったのだ。しかし今や、彼らの関心はもはや皇帝の利害に合致しなかった。フリードリヒ一世は北イタリアの政治的混乱であまりに忙殺されていたので、あらためてボローニャと関われるとも、関わりたいとも思わなかった。普遍的な権力から付与された権利を日常の実践で実際に貫徹するのは、ますます難しくなっていた。

パリとボローニャの二つの特権は、続く数世紀を規定する大学設立の伝統を、互いに補完し合っていた。最初の二つと違って、その後の大学はすべて自ずから生じたものではなく、基金を受けて設立されたものだった。それでもいぜんとして人々は、新しい大学のために普遍的権力による特権を得ようとして、大学はかつてパリとボローニャに与えられた権利を持つべし、との文書を引き合いに出した。

教皇がルーヴァン大学に与えた設立証書．1425 年．教皇マルティヌス 5 世のイニシャル M．その上に 4 学部のシンボルのミニアチュール：上に，神学と教会法（三位一体と聖職のシンボル），下に，ローマ法と医学（皇帝支配と尿瓶を持つ学識ある医者のシンボル），下の 2 つのミニアチュールの間に学芸学部（生徒と教師のシンボル）．

教皇（パウロ２世？）と皇帝テオドシウスが枢機卿と市の守護聖人・聖ペトロニウスに大学の設立証書を授与する．下に教授団．古い伝承を正当化する架空の場面．ボローニャ大学の規約を含む写本のミニアチュール．恐らく 15 世紀．

しかし、まだ無条件にではないが、どこからも邪魔されない大学の発展というものもそれらとの関連で確保された。そういう大学は当時の社会の中で、その存在地で、様々な緊張関係にあった。たとえば、オックスフォードでは市と大学間に何度ももめごとが起きたが、それが大っぴらな暴力沙汰になり、王がコミューンに制裁を加える結果になったこともあった。一二〇九年の初め、状況がついに我慢の限界に達した時、教師たちは講義を中止してしまった。そのうちの何人かはケンブリッジに移り、そこで抗議を続け、引き続き留まった。後にオックスフォードにも再び静寂が戻って来た。ケンブリッジ大学は独自の発展を遂げ始め、今日に至るまで両者は、パリとボローニャの場合と同じく、どちらが格が上かで争っている。

抗議の意から外へ出て、新たに大学を設立した別の例が中世末期に知られている。一五世紀初めプラハ大学は、フス派時代の宗教的緊張と、同時に、勃発する国民的争いの爆発的な混乱の中に巻き込まれた。ボヘミア王の支持の下、チェコ人は一四〇九年、大学の自己組織化に関して多数意見を文書に残そうとした。そのことで不利益を被ったドイツ人の大学関係者はあっさりと飛び出し、ライプツィヒに受け入れられ、自分達のために新しい大学を設立する道を見つけた。

14 知識を巡る争い

大学はヨーロッパ規模に広がった。最終的にそれは、ギリシャ古典古代の知識を受容することで、学問の最有力地になった。古代末期以降、カロリング朝時代以降はさらに強化され、長期にわたってイベリア半島でのアラビア文化に仲介されて、論理学に関するアリストテレスの初期の作品はすでに知られていた。一三世紀の大学では、その書物をオリジナルの伝承で把握することが可能になった。その成果は圧倒的なもので、スコラ学のさらなる発展の方向性をはっきりと特徴づけた。特に学芸学部、それもパリにおいて決定的だった。再び学問の萌芽がフランスから始まったのだ。

やがて「哲学者」という名の下で、アリストテレスが初期の権威の一人になった。新しい論理学の萌芽が初期の大学で成立すると、大学の学問は今やアリストテレスの論理学に特徴づけられることになった。初期スコラ学を特徴づけていたアベラールの著作は、キリスト教的なアリストテレス哲学の表現として独自の学問的発展を遂げたトマス・アクィナスの中世盛期の記念碑的な全作品とまったく同じく、その論理学から規範的な影響を受けている。

『神学大全』においてトマスは、「人間は自分自身の教師と呼ばれ得るか」という問題を扱っている。彼はこう述べている。「教師は知識の元である、医者が健康の元であるのと同様に。しかし医者は自分自身を癒す。つまり誰も自分を教えることができる。哲学者が物理学の第八書で言っていることは、このことに反する。教師が学ぶことは不可能である。なぜなら、教師は当然のことながら伝えるべき知識を手中にしているが、生徒はそうでないから。つまり、誰かが自分を教える、あるいは自分の教師と呼ばれることは、あり得ない。これについて、私は次のように答えたい。人は疑いなく、自分に与えられた理性の光を通して、外からの指導による助けなしに、それまで未知の対象の認識に到達できる。つまり、人は自分自身にとって知識の原因である。しかしその知識に関して、人は自分の教師であるとか、自分を教えるとは言えない」。人は自分自身の教師と呼ばれ得るという主張は、六つの議論で扱われている。その反論は二つの議論になっている。これらはさらに六つの証明で扱われる。最後にこう書かれている。「医者は健康というものを前もって意のままに扱えるからこそ、人を治癒させる。しかし、健康の現実においてそうするのではなく、治癒の技術を通して、そうするのだ。しかし教師は、自分が知識を実際に持っている限りにおいて、教えている。健康を実際には持っていない人でも、つまり、治癒の技術において健康を意のままにできるがゆえに、自分の中に健康を生みだすことができる。しかし、人が知識を持っていながら、同時に持っていないということはあり得ないから、人は自分自身を教えることはできない。」

次第にこの論理的思考の新形式が全科目を征服し、ますます神学者の警戒心を呼び起こした。特に神学の中心地パリでそうだった。アリストテレス哲学が言語論理学と倫理学の科目を包括していることはまだ看過されていた。しかしその後、アリストテレスの自然哲学的、博物学的言説も扱われるようになり、学芸学部の教育プログラムの中に登場した。それが、アラビア人及びユダヤ人学者たちによる注も含めて、聖書や教父たちの教えに直接に矛盾することは、容易に明らかになった。今や人はそこに踏込もうとしていた。

そういうテキストの広がりを阻止しようとの、数多くの虚しい試みの後、パリ司教は昔の教育監視権を利用して一二七七年に、あらゆる形式で、詳細な反論をつけて、アリストテレスの二一九の主張を断罪した。その中には、トマス・アクィナスのようなキリスト教的アリストテレス哲学の主張も含まれていた。その意図に全く反して、司教はそれによって後世に対して、パリ学芸学部の教えを洞察する目を可能にしてしまった。彼にとって、そして教会教義の代表者たちにとってさらに悪いことに、その主張のセンセーショナルな断罪は確かにその公的な教育をさしあたり阻止できたが、パリ学芸学部におけるほとんどなるがままの広範な拡大においては、何も変えられなかった。スコラ哲学はその後、アリストテレスに支配されたままだった。ガリレオ・ガリレイ、その他の人たちが一六世紀に実験的な宇宙論の研究を始めた時、彼らはその間、独断的なまでに凝り固まったアリストテレスの学問体系に遭遇した。その体系の代表者たちは代表者たちで今や新しい認識に対立していたのだ。

中世の学問に「論争文化」がなかったというのは、アリストテレス受容を巡る激しく戦われた葛藤に照らして見ただけでも、現代の神話だと分かるだろう。各派の争いも何度もあったし、現代派としての「近代人」は保守派から離れたがった。すでに古代末期においてこの対概念は知られていた。それは中世の学問の発展を何世紀にもわたって導いた。新旧の「道」はすでに初期スコラ学をカテドラル学校の百科全書的な学問から区別した。まさに闘争スローガンとしてその二つの道は特に一五世紀初めのドイツの大学で、伝統的なスコラ学的方法の支持者と新しい認識論の賛同者とを分けた。

前者は実在論を、後者は唯名論を支持した。この対概念もまた学問的な派閥争いをよく表しており、特に一二、一三世紀の、そして改めて一四、一五世紀のいわゆる普遍論争において著しかった。普遍性は対象（個物）の高度の物的統一性であり、その統一性の存在が論じられたのだ。実在論者は、ある対象（個物）のすべての名称はより高度の秩序に実際に存在している物に関連があると確信していたし、唯名論者は、名称を通してのみ対象（個物）の一般性は考えられる、という立場だった。

こういう断固とした態度で、そして広範な派閥形成でもたらされたすべての戦いは、アリストテレス哲学をキリスト教的・スコラ学的学問に取り入れたことを通して初めて可能になった。それらは例外なく、新しい論理学の萌芽によって獲得された学問的自由の味方であり、その自由こそが大学の不滅の魅力に数えられた。それはまた中世的学問の将来性の味方でもあった。それが、教える者と学ぶ者の、学識ある教養内容と関連した、知的関心と同様、社会の実用実践的な期待を満足させたからこそであった。

一三世紀に、古い修道院の伝統ではなく宗教教団文化への後期の接近へと繫がったのは、大学や学問のそういう視野の多面性であった。やがて大学の学問との結び付きを模索したのは、都会的な中心地との緊密な結びつきで、一三世紀になって初めて成立した乞食教団（托鉢修道会）、特にドミニコ会士とフランシスコ会士だった。都市的環境での司牧と説教を志向し、彼らは当時の学識ある知識水準を必要とし、かつ、獲得し、自ら学問の主役になった。彼らの説教活動は都市での知識仲介のためのますます重要になった要素だった。逆に彼らは、ベネディクト会士やその他の修道院共同体と違って、決して平信徒の生徒のための学校を作らなかった。

その代わり乞食教団は、教団関係者の内面教育と専門教育のための段階づけられた学校秩序を発展させた。修道会の、地域ごとの、そして総合の各研究が、それまでどこにも前例のなかった、段階的に積み上げられた学校ネットワークを提供した。乞食教団の大学に似た知識仲介の総合研究と中心地は特にパリ、ボローニャ、オックスフォード、つまり当時の優れた知の場所に生まれた。イエズス会士以前のいかなる他の教団も大学とのこの種の緊密な結びつきを構築したり、ドミニコ会士が成功したようには、その学問に関わったりはできなかった。アルベルトゥス・マグヌスとトマス・アクィナスの二人が盛期スコラ学の規範となった代表者としてドミニコ会教団に属していた。

こういう共生関係は大学にも利益をもたらした。一二、一三世紀以降のその展開地域はもはや担い手の施設を通したものではなくなった。都会的な中心地、支配層の濃密な場所が、大学が自立する場所を提供した。カテドラル学校時代に模範となったイル・ド・フランスや北イタリアのような、そのための中心的な風景が生まれた。様々な寄付のあること、さらなる特権のあることは、そういうロケーションを提供するチャンスであり、有用性に縛られた独立性であり、さらには政治権力の移動に際して価値が下がる危険であり、同時に過小評価してはならないリスクでもあった。都市の経済的危機、支配権力の空間的重点移動は大学に長期にわたる影響を与え得た。機関的な結びつきなしには、大学は周りの状況、変化から直接に影響を受けた。領域政策の道具としての競争的な設立、学生の遍歴運動は、大学の存在条件を急速に、そして永続的に変える可能性があったが、そういうものから影響はされなかった。こういう要素を現代なら、「構造的な」枠条件と呼ぶことができよう。

中心的な風景にはまず、政治的、学術的、経済的に都合のよい前提があった。一三〇〇年以前に、イングランドの南東部、フランスの北西部と南部、イベリア半島の中心部、南北イタリアに大学が生まれた。そのすべてが維持されたわけではないが、同じ地域が有力であり続けた。一四世紀中に南フランス、北・中部イタリア、さらには中央ヨーロッパ東部にもさらなる設立があった。

一五世紀にはさらに実に多くの場所が加わった。北イングランド、西・中部フランス、イベリア半島、北イタリア、中央ヨーロッパ東部にも新たに、そしてドイツ帝国の南・中部にも急速に、北ヨーロッパにも萌芽的に生まれた。一五〇〇年ころまで大学の数は著しく増えた。依然として地域的な集中が認められたが、初期の中心的風景の優位はほとんどヨーロッパ全域を覆うような考え方のために、後退した。

すべての王国、多くの強力な領域諸侯領が中世末期には、支配領域内の大学を意のままにした。それはすべて都会的な中心に位置していた。

神聖ローマ帝国最初の大学として一三四八年にプラハ大学が設立された。この大学は興味深いことに古い伝統と、利害に導かれた改革の間に立っていた。ボローニャのような法科大学として、またパリを見本とした学芸学部大学として、という二つに分かれた形で設立され、両方の見本に倣った特権を身につけて、プラハ大学はヨーロッパ的大学史の先頭に直接つながっていた。設立、基金ともに領邦君主の大学としてそれは、一四世紀、特に一五世紀に帝国各地に生まれた後の施設に道筋をつけたのだ。

特にフランス、イタリア、イングランドにはるか以前から存在している大学との比較において、最初からの遅れは神聖ローマ帝国の明確な発展の遅れを示している。その遅れは帝国の中央集権化の未成熟からだけでは説明できない。地域のさらに発展した独立性も一三四八年以降になって初めて独自の大学設立に繋がったのだから。プラハ大学を設立したボヘミア王としてのカール（カレル）四世は同時に神聖ローマ帝国皇帝でもあった。一三四七年には、教皇が大学設立計画に好意を示すまでに至り、一三四九年にプラハ大学はボローニャとパリから特権を授与された。

しかしカールは大学を皇帝として設立したのではなかった。むしろ彼はボヘミア王として振る舞い、知識仲介の新しい場所を彼の宮殿もある、彼の王国の中心地に打ち立てたのだ。彼の設立文書ではそれゆえもっぱらボヘミア王国についてのみ語られ、ボヘミア（ベーメン）およびモラヴィア（メーレン）の子供たちがもはや勉学のためにイタリアに行く必要がなくなったと書かれている。

この点に後のすべての領邦君主たちによる大学設立の本質的な動機があった。つまり、自分の宮廷の

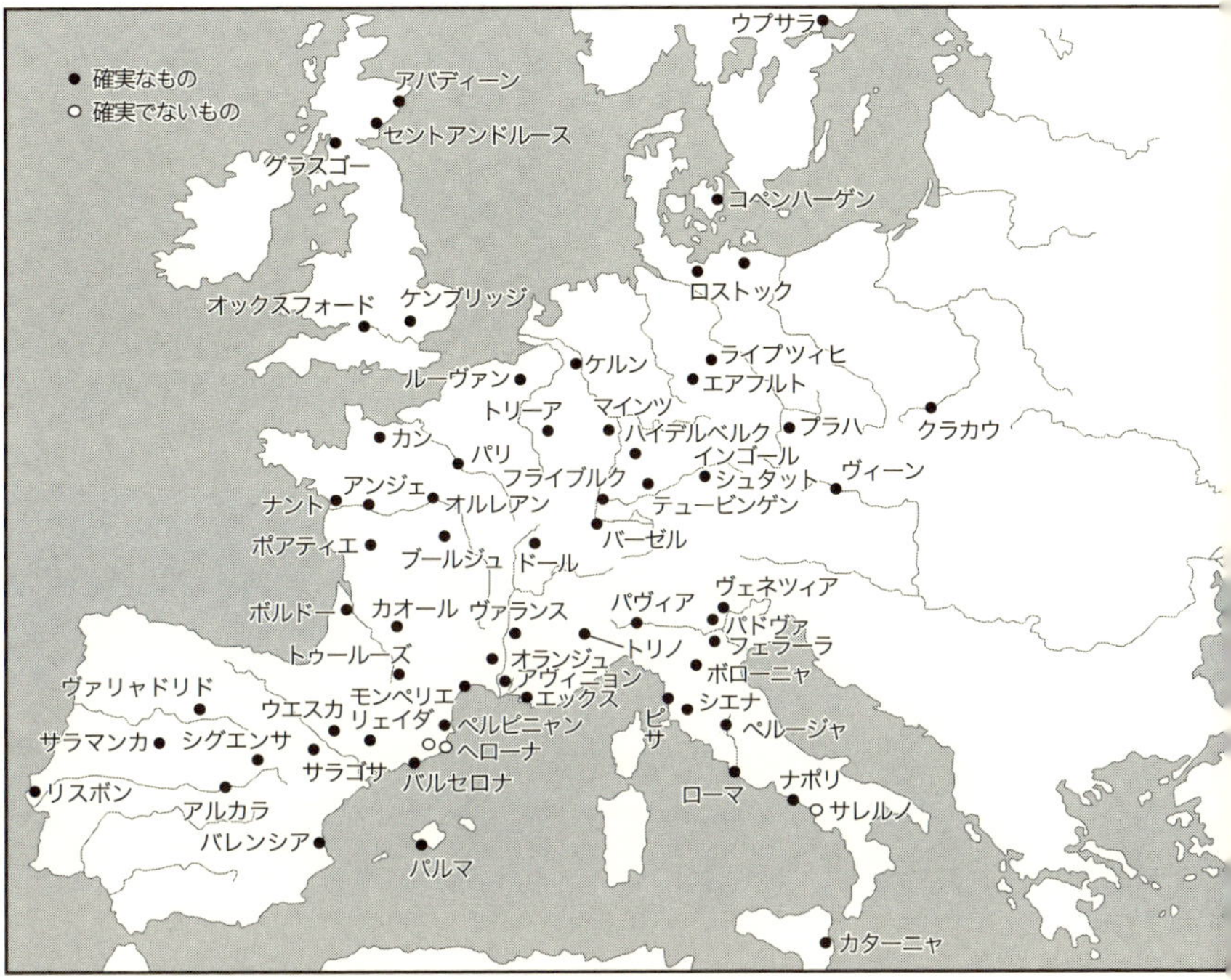

1500年ころの大学所在地.

ために教養のある専門的な能力と学識ある助言を得ること、そういう者を自分の支配下にある家臣から採用すること、それを自己の支配領域内の大学で教育すること、であった。それが確立されれば、領主は大学に最大限、介入できた。授業内容にも学問研究の対象にも、教授の選択にも、そして卒業生のその後の職業経歴に対しても。もはや外部の力を引きよせる必要も、自分達の力を他所に出す必要もなくなった。特に、学者と領主の間にスタッフとしての緊密な絆が結ばれ、学者たちは大学設立、専門教育、その選択、雇用の件で領主の世話になり、領主は逆に彼らの奉仕、忠誠心に頼ったのだ。

このやり方は盛期中世の帝国教会で学識ある司教を採用したことを想起させる。その帝国教会は一二世紀初め聖職者叙任権闘争の終結とともに廃止されたが。今やこの伝統が「近代化された新版」となって生き残り、未来を志向することになった。続く数十年間、聖俗の諸侯による数多くの大学設立で基本的に同様の処置が取られた。一三六四年のヴィーン、一四七六年のテュービンゲンにおける大公の基金によるもの、一四〇二年のヴュルツブルクにおける司教によるもの、さらに、一四六〇年のバーゼルにおける公会議による設立と一四五六年のグライスヴァルトにおける都市市民による設立という特例もあった。

プラハ大学設立者としてのカール四世は同時にそのパトロンでもあった。彼は教授の採用、職員の給料支払い、新たな建設のための出費などに必要な金額を拠出した。ある特別な基金が寮を建設し、一二人の学芸マギステルが宿泊できることになった。そのために、六つ以上の村からの交付による、ボヘミア王位の権限に帰する収入が当てられた。カールの商人的な考え方は当時の人たちから皇帝にふさわしくないと、しばしば嘲笑されたが、ここではそれが報われた。プラハ大学の設立を支えた多方面からの寄付行為がその真価を発揮したのであり、新しい施設に安定性を与えたのだ。

しかし、カールの貢献はこれに留まらなかった。プラハ司教は彼が個人的にも非常に信頼した人物で、自身ボローニャとパドヴァで法律家としての専門教育を受けていたが、その司教が新しい大学の規約を作成したのだ。学生募集にも計画的な取り組みがあり、ここでは大学が、プラハの都会的な集中性とその高まりつつある学校風景から利益を得た。市内の評判のよい学校、特にカテドラル学校からは将来の学生を獲得したし、それゆえ改革教団の定住や市の律修士大聖堂参事会員への接触も引き受けた。

領邦君主による大学設立はいずれも機能的な知識奨励と解された。形式行為としてほぼ義務なのだが、大学権力の特権は昔の伝統からの正当性を保証した。同時に、近代初期になってもまだ典型的であった「領主大学」でもあったのだ。教授や学生の募集のためにも、領主によるパトロン制の顕示のためにも考えて作られた贅沢に様式化されたプログラムは、実際的に意図された教育内容について、ほとんど何も語っていなかった。宣伝用パンフレットにはこう書かれていた。「この世のあらゆる知識を教えます」。実際には機能的に有益な知識の科目ということだった。神学者、医師、特に法学者、あるいは書記や公証人としての学芸学士が大学で養成されるべく、教育、専門教育を受けられるというもの。大学に通わなかったものには手の届かない社会的承認、かなりの額の確実な収入による少なくとも中流の生活水準、そして、支配者や教会に仕えることで出世のチャンスを得る見通し、大学での勉学の修了者はそういう特典を期待できた。

教会的な、そしてコミューン的な学校の体験後に初めて大学が社会的流動性へのそういうチャンスを提供した。依然として、社会的に最高ランクの教育を受けただけでは、無条件の昇進はなかった。社会がまだ身分化されたままだったから。大学での勉学はしかしながら都市市民の子弟には、より高度な学部での勉学、特に法科学部のそれを通して出世を得る道を切り開いた。学芸研究には実に様々なレベルがあったが、いずれにせよ十分な配慮が得られた。彼らが実に様々なポストで、自分が習得した学識ある知識を通して、必要な機能を果たし得ることで、多くの人を助け、社会は利益を得た。

この希望は大きく、極めて正当なものだった。しかし、現代でもそうだが、勉学は確かにチャンスを与えてくれるが、保証は与えてくれない。特に、下位の学芸学部の勉学には応募者が殺到した。それは、マギステル・アルティウム、つまり自由七学芸という古典的な規範の学位を得て修了するまで学びたいという人たちのためだけのものだった。他の多くの人たち、総じておそらく過半数にとってそれは全く別の機能を持っていた。それはトリウィウム、つまり下位三学科の文法の範囲内で、または、本来の講義を外れた授業形式であることも珍しくなかったが、確実なラテン語の知識を獲得する準備において許された。一貫してラテン語で行われる大学の授業に参加する条件として不可欠のものだが、驚くべきほど多くの諸学者はそういう知識を全く持っていなかった。今それを得ることが、彼らにとって大学に行く目的だった。

知識仲介の場所はこういう学生にとってもともと大学ではなく、たとえば、一定の出身地の関係者が共同生活している学生寮だった。そこには何人かのマギステルが関係していて、彼らに基礎知識を授けたのだ。当初は補助的な手段と考えられたが、寮での授業はしだいに独立し、ついにはあちこちで競合プログラムになった。大学の教授たちは、何人かの学生が自分達の講義に来られない（だから聴講料を払えない）、彼らはその同じ時間に学生寮のマギステルの授業を受けているからだ、と嘆いた。神聖ローマ帝国の場合と違って、イングランドとフランスでの発展はさらに進んだ。一三世紀以降、学生寮組織から「カレッジ」が生まれ、大学の範囲内での独自の正式な学校（学部）になったのだ。この両国では大学の組織は今日なお、こういう学校秩序に特徴づけられている。

しかし「通学」以上のものはそこから出てこないことが多かった。ライセンシャト号、バッカラリアート号、マギステル号のような正式な修了号を得ることはこういう学生たちの意図ではなかった。彼らにとって、確実な基礎知識（読み書き能力）を通して、そしてラテン語の基礎知識を通して社会での収入の口を見つけるだけで充分だったのだ。

そういう問題、様々な考え方は現代でも無縁ではない。試験による卒業生は今日確かに通例ではあるが、今も昔もそれは、大学に行った者の唯一の成功例ではない。知識の社会的利用方法が多面的だということは、大学的風景の中で今日、繰り返し強く意識されている。今日なお、しばらく大学に在籍して後、転用可能な方法論的な知識を獲得して、成果豊かな職業の道を切り拓くことに成功する者もいる。当時も今日もそういう学生は、知識を通して資格を得るために勉学を利用したのだから、決して中途脱落者ではない。こういう知識は今日、基幹資格とか、問題解決権限と呼ばれる。それは学問としての各学科を伝統的な規範に基づいて組み立てることから離れて、実際の機会に場合によっては新しい知識内容を形成する。学識ある知識とその基礎にある認識の、実用性と関連づけられたフレキシビリティーとダイナミクスの、これ以上に明確な証拠はおそらくないだろう——中世の知識世界のアクチュアリティーにとってもそうだったのだ。

これまでに存在していたすべてのものを凌駕する大学の社会的な大きな魅力はそれゆえ、圧倒的多数の人たちを引き寄せることになった。その萌芽だけにおいても、すでに労働市場が生まれた。やがて需要オーバーが嘆かれる事態になった。労働の供給よりもはるかに多くの仕事の需要が生じたのだ。そんなせいもあって、またしても、大学生の大部分が教会禄での生計目指して押し寄せた。

大学関係者のその環境における社会的認知にとっても、若干の変化があった。今やもう、学者と教養人の区別だけでなく、卒業生と試験によらない修了資格者の区別もできなくなった。さらに今や、下位の学芸的学部と上位の学部の、それぞれの関係者と卒業生の違いが注目された。彼らにとって仕事のチャンスは、自分の知識が社会のどんな役に立つかで量られた。それゆえ、修了有資格者は卒業生と比べて社会的承認が、あったとしてもはるかに少なく、学芸学部の卒業生は高位の学部の卒業生よりはるかに少ない承認しか得られなかった。本書の冒頭で述べた、修了資格者としての自称マギステル・アルティウムの仮面を剝がした手工業の親方の話はこういう経験を映し出している。

修道院文化内の学校では基本的に、将来の修道会関係者のみが予見されていた。ふつうかなり高貴な出身で、あきらかに恵まれた育ちをしていた。将来の修道会所属が、そして世俗の聖職者や平信徒による授業さえもが問題にされねばならなかった貧者の生徒とははっきりと区別された。大聖堂参事会学校やカテドラル学校の生徒は基本的に、将来の参事会員にも、開かれた同僚参事会や平信徒において、世俗の聖職者にもなれた。生徒の社会的出自に関しては、修道院学校に対しても、ほとんど変化はなかった。大学になって初めて、聖職者と平信徒の対立で決定されるのではなく、各個人がどんな条件とどんな期待を持っているか、勉学で何を得たいか、得られるかによって、社会的な違いが現れた。

中世後期、大学に通う者は五つのタイプに分けられた（ライナー・C・シュヴィンゲス）。「シンプレクス

〔初学生〕」が学生の多数派を表している。つまり正式な試験を経ていない修了資格者である。いずれにせよ「バッカラール」は学芸学部での低い資格だった。「マギステル」の学生になって初めて学芸学部の最高の学術段階に進んだ。そういう学生は広く学んだが、他方で学芸の初学者、あるいはもっと高位の学部でさえ授業を担当した。「身分学生」とはすでにその出自によって社会的に高いランクを持ち、それを大学でも維持していた者であった。最後に、「専門学生」とは、学芸学部、あるいはもっと上の学部を了えることによって社会的キャリアを得るために大学に通っている者であった。

大聖堂参事会学校およびカテドラル学校では、生徒間にそういう区別は目立たなかった。しかしそこでも、後に教会禄を得る参事会員とその他の違いはあった。その中へさらに貧困生徒〔スコラレス・パウペレス〕が加わった。教会禄を持った聖職者は中世の大学において、学生のかなりの部分を占めていた。彼らは、その家族の出自、教会ヒエラルヒーの中での地位、その両方の状況で決まる経済状況に従って、ただちに前述のグループのどれかに振り分けられた。

かなりの数になる貧困学生もやはり大学の常態の一つだった。彼らは受講登録の際、通常の料金支払い義務を免れた。学生名とその出身地の分かる学籍簿には、そういう学生の場合「貧者」と付記されていた。貧者と認定された全員が必ずしも困窮していたわけではなかったに違いない。宿泊や日常の世話は貧困学生に快適な生活を保証したが、それは多くの者にとって魅力だったろう。カテドラル学校の貧困生徒からも求められたような特別処置はここにはもうなかった。逆に、ある種の貧者は、補助金、ないしは公式の奨学金をもらっていただけに、記録に残らなかったに違いない。そういうもので教会、さらにはコミューンの、あるいは個人の出資者が若者に大学への道を切り拓いたのだ。将来、彼らが自分達のために働いてくれるのを確保するためだった。

今日の大学の学生にこういう五つのタイプはもはやない。しかしもちろん依然として、差異の根拠になる勉学目的や個人的な違いはある。今はもう誰も、修了を目指さず、その代わり、収入を確保できるより良い一般教養を得るために大学に行こうとはしない。正式な修了となるための鍵となる資格そのものがすでに成果の見込みのある職業への道を可能にしてくれるというのは、しかしまったく日常的なことである。今日確かに、学生が同時に下位の学部で教える、ということはない。いずれにせよ、上位と下位という学部の有効な差がないのと同じである。しかし、学びつつある者が様々な、大学内も含めて、教えるという行為、仕事を通して生活の糧や学費を稼いでいるのも、ごく当然のことである。これはすでに中世のマギステル・アルティウムにとっても重要な役割を演じていた。

もうすでに「何者か」であるので大学で学ぶ必要はないのだが、個人的な関心から、たぶん「箔をつける」ために大学に通う「身分学生」も今はもういない。一五世紀に貴族が大学に関心を持った時、彼らはそういうグループの一人だった。彼らはふつう学芸学部は飛ばした。そこで与えられる教養知識はすでに家庭教師を通して獲得していたからであり、直接に上位の学部に受講登録した。好まれたのは法律系であり、特にイタリアや南フランスの地が選ばれた。アルプス北方の大学はむしろ嫌われた。そこはシンプリス、バッカラール、マギステルが幅を利かせていたのだ。身分学生は勉学にじっくり時間をかけ、大学へも故郷の従者を連れて現れた。

学位を得ることもやはり彼らにとって問題ではなく、シンプリスとはまったく別の動機からだった。身分学生にとって世襲の爵位にさらに何らかの学位を追加するのは、社会的な地位を下げることを意味したのだろう。裕福な都市市民階級の子弟も社会的に排他的な学生に属していた。彼らはもちろん学位を得ることができたが、ふつう学位に釣り合う職業で働かず、故郷へ戻り、そこで基本的に大学での勉学なしでもできたであろうような人生を送った。

現代の学生と最も比較しやすいのが専門学生のタイプである。学芸学部、あるいはさらに上位の学部を試験に合格して通過し、この知識の基礎の上に実入りのいい仕事を得るものである。それはたいてい安定した都市市民の出身であり、財産をほしいままに使い、数年にわたる学費も調達できた。到達目標として、名声のある、収入の多い仕事、たとえば、諸侯、教会、コミューンで働く弁護士・法律顧問、医師があった。大学教師の仕事もあったし、いずれにせよ、風当たりの強い、実入りのよい教会禄を受けるのも始めから想定内だった。

大学での勉学を通しての社会的流動性が可能にはなったが、依然として出自や経済力による先行要件がその前提にあった。こういう条件下で社会的、機能的な拡大化が生じ、それは大学生、及びその卒業生の専門化の過程を促進した。大学で習得した知識を証明できる形で有している者には、そのころにはますますそういう知識なしにはやって行けなくなっていた実に様々な社会的活動分野への道が開けていた。各個人の勉学の関心は必然的にその種の生活上、出世上の期待と結びついた。特に市民の子弟は平信徒としても聖職者としても、そこから利益を得た。

それに対して貴族には、大学での勉学による身分的な新しい側面は開けなかったし、裕福な市参事会員系の家庭出の子弟にも同じだった。それでも彼らは大学に行った。カテドラル学校や大学でもさらに教養を積むために教会禄を利用した参事会員に匹敵するほどだった。学識ある、大学での教養の奨励者、パトロン、受益者として、貴族は間違いなくその名が挙げられるだろうが、逆にその担い手とはみなされまい。すでに中世盛期の諸侯の宮廷におけるパトロン活動は、学識ある聖職者が重要な役割を演じ、逆に諸侯自身はたいていの場合、文盲だった、という点に特徴があった。中世末期には諸侯もその勉強をした。そういうことでそれなりに教養は身につけたが、学校や大学で学んだわけではなかった。

この過程は貴族全体にとって、いつまでも無縁ではなかった。特に、その卒業生と知識を自分達のために利用したいがために大学を設立したのは諸侯という支配者だったからだ。しだいに、高位の生まれだが教養のない貴族は、彼らに先んじて市民出身の学者が諸侯の助言者、腹心、代理人、あるいは使者としての地位を奪い取る、という事態を経験させられた。独自の文学的分野が、特にロマネスク文学において、宮廷でのそういう関連でのやり取りの証拠として成立した。修辞と技巧をこらし、それは騎士と学識者間の地位争いを述べ立てている。一方は諸侯勤めの伝統から、他方は宮廷での変わってしまった需要に応じて知識という観点から自己主張するのだ。後者は市民階級であり、たいていは法学博士の地位をほしいままにし、支配者や権力政治のための大学的な知識の有用性を代表している。

中世をはるかに超え、現代でも変わらず、古いヨーロッパにおいてだけでなく、西欧的な大学が、たいていはパリ大学の学部をモデルにして、学問と学識ある知識仲介の古典的な場所として広く浸透した。いつの時代も、その当初と同じく、学識ある知識の実践との関連が論じられ、その際いつも、政治支配にとっての有用性が決定的な役割を演じた。現代においてもそれは全く変わっていない。

それぞれの時代の大学と社会の多面的な相互関係がさらなる発展の特徴となった。修道院や参事会学校の伝統の場合と違って、学識ある伝統と知識の実用関連が今や最初から中心にあったということ自体、新しかった。学ぶ者の募集が無制限に、ヨーロッパ規模で行われたということ、それとともに、教えられ、習得された知識が逆に、やはりヨーロッパ規模で影響を広げて行ったということも、この形ではかつてなかったことである。

身分的な限界とも、聖職者と平信徒の違いとももはや基本的に関係なく、大学的な知識とその応用に対する関心が広がったのだ。教会と知識の中心地との緊密な結びつきは不変なままだったし、今や大学との結び付きもそうだった。知識の新しい中心地から自分で利益を得ようという、都会文化の代表者たちの関心は、明らかに強化された。諸侯の支配権も大学が提供する有益な潜在力をただちに発見した。そういう発展がもう後戻りできないものになっていることに貴族も最後になって、ややためらいがちに気付き、自ら大学で学ぶことにより、宮廷と市民的学識者間の知識で結びついた共生関係に対応するために、自ら大学にゆっくりと近づいた。

多くのことが動き始めた。いぜんよりずっと、学識ある、そして応用に向けられた知識が支配者にとって不可欠なものになった。一二〇〇年ころ、パリ大学の機関化の始まりと時を同じくして、フランス王国では支配の中央集権化の過程がひとまず完結へ向かっていた。効果的な裁判制度、支配行為の文書化に基づく管理と官房主導、出入りする資料の登録、地域ごとにそれに向いた代理を立てることで王権を効果的に顕示すること、地域的な貴族の権力を押し返し、中央集権的な王の支配に正当性と有効性を与えた。この過程は、数多くの、様々な資格を持った管理スタッフたちの仕事抜きでは、特に、法学者、中でもローマ法の専門家による助言と継続的な機能行使なしでは、将来に向けて確保されないものだった。権力は知識を必要としたのだ。

この過程は他のヨーロッパ諸国でも基本的に同じだったし、それが至る所で大学の地位を強化した。神聖ローマ帝国では領邦君主たちは大学的知識の潜在力を王宮よりも早くから、もっと効果的に利用した。それを通して、帝国の分散的な、連邦的な構造がいっそう確立され、領邦君主たちの強化は王権の中央集権化を犠牲にして中世を越えて近代初期まで続いた。

権力と知識がどんな関係にあったかがいつも遠大な、さらには憲法に関連するほどの結果を持っていた。しかし、大学的な知識とその代表者たちを顧慮することのない政治支配的な強化は成功し得ない、というのが一般に広まった見解になった。

15 王の知識と貴族の教養

盛期中世の諸侯の宮廷におけるパトロン制による学問と芸術の奨励そのものが、少なくとも、実践的な要請と、そして、大学の時代にも中断なく存在し続けた知識の表象性とも関係があった。「知的環境」（ペーター・クラッセ）を涵養することは支配者の雅量、知恵、裕福さの表現と取られた。それのできた者は誰も、そういう名声を得たがった。

支配者たち自身の教養水準も試験台に乗せられた。王が教養ある助言を受けても、自身は無知、ということで充分と言えようか。確かに誰も、彼にカテドラル学校や大学へ行きなさいと申し出る考えには思い至らなかった。しかし彼は家庭教師を通して、自ら文書能力がある、学識はなくとも教養があると言えるほどの情報は持っているべしとされた。イングランドの宮廷では一一〇〇年ころすでに、「教養のない王は戴冠したロバのようなものだ」との、言い回しがあった。学識のあったソールズベリのヨハネスはその直後、それを計画的な知識政策のモットーにまで引き上げた。それは君主国のスタッフも免れないものだった。

学識ある伝統を自ら大学で学ぶことを通してではなく、学識ある助言者の筆による手助けを通して、皇太子は将来の任務の準備をすべく学ぶべしとされた。知識内容はすでにいつも教えられていたし、同時に実践的だった。選ばれた会話は諸侯教育の目的ではあり得ず、充分に理由のある、責任のある、政治的行動こそがそうあるべきだから。文書性と、神学的、哲学的思考の基礎が、キリスト教的価値と道徳教育と同様、そういうもののひとつに含まれた。自分の時代のという条件下での統治学が主眼なのだ。

王やその子供たちに与えられたものは従って、宗教的指針のテキストになぞらえて、「王の指導」と呼ばれた。中世初期以来、その種の名の下にいわゆる「諸侯の鑑」がいくつも生まれた。学識ある編者の手になるもので、伝承された権威たちの著作の講読と取り組む、王侯のための言わば学校の代わりだった。その代わり彼らは特に重要なもののハンドブック的な抜粋（フロリレーギウム）を提供し、将来の支配者のための教育プログラムを補った。おそらく最も有名で、見本として大いに引用され、特に影響力の大きかったのがトマス・アクィナスとアエギディウス・ロマヌスによる「諸侯の鑑」で、ともに一三世紀のものである。アエギディウスはフランス王宮で皇太子、後のフィリップ美麗王の教育をし、彼のために教育ハンドブックを書いたのだ。

「諸侯の鑑」には知っておくべき多くのことが書かれていたが、手掛かり的で理論的な記述に留まった。自由七学芸の伝統から、あるいは正邪の行為について神学の著者たちの主要作品から知るべきとされたのは自ら体験されるべきものであり、いかなる判断基準で貴族的教育が騎士的行動に移行するか、あるいは、いかなる根拠に基づいて政治的決断が下されるべきか、ではなかった。実践的な意図のもとに編まれたにもかかわらず、「諸侯の鑑」は広範にわたって理論的な、学識的な指針としての業績に留まった。

ハンドブック的な、知るべきことの百科全書的な収集も同じ環境から出現した。たとえばボーヴェーのヴィツェンツ（一二〇〇以前～一二六四年）の一連の著作がそれである。フランス王子の教育者として、ルイ九世の宮廷における王立図書館長として彼は、自然、学問、一般教育と関連づけた、三部から成る「知の鑑」を書いた。このテキストは極めてしばしば抜き書きされたり、完全に書写されたりして、後に印刷された。ヴィツェンツはまさに収集癖というべき情熱で知るに値する物をすべて寄せ集め、秩序立てたが、その読者はみな似たような経験をした。つまり、彼らはそれらの作品から自分達が利用できる物を汲み取ることができたのだ。

この種の「抜粋」や「要約」集、つまり実践的な必要のために集められた学識ある知識は中世後期以来存在した。それらは早速に使える可能性があったからこそ価値があった。スコラ学的な「大全」という閉じた学問の構築時代においてなおそうであり、中世後期の間にさらに増えて行った。

広い教養を持っていた当時数少ない諸侯の一人だった皇帝カール四世は一三五六年に、帝国諸都市との交渉から生まれた金印勅書を発令した。王の選挙、国家体制への中央集権的な関わり、帝国の統治を規則化したものだが、選帝侯の教養についての指摘も含んでいる。帝国内で話される言語の多様性のた

人生の4段階（そのうちの，子供と若者）．フラマンの写本・バルトロメウス・アングリクスの『事物の本質について』（百科事典）より，15 世紀．

鷹狩，ヤコブ・グレゴリウス大教皇の徳の写本より．シトー，12 世紀．

めに、にもかかわらず、支配者と諸都市間に常に不可欠の直接的、政治的なコミュニケーションのために、将来の選帝侯は子供時代にドイツ語の授業、七歳からはラテン語、最終的に、一四歳に達するまでにイタリア語、及びスラヴ語の授業を受けるべしとされた。その理由として、これらの言語によって極めて重要な、公務としての帝国の仕事が行われる、だからそういう言語の知識が統治者としての選帝侯には不可欠、というのである。皇太子にはそういう教育を受けさせ、その原語が書かれている土地へ送るか、あるいは少なくとも、そういう授業のできる練達の教育者、教師、仲間を与えるのが望ましいとされた。

支配と政治のための知識の実践的な必要性について、これ以上に的確な表現は当時のヨーロッパには見当たらない。それが他の多くの意見と違う所は、諸侯の「自己知識」を強調していることである。他からの学識ある助言に頼るだけでは明らかに不十分だというのである。そのずっと以前、都市市民たちは学識ある聖職者たちの束縛から自分を解放するには、やはり自分自身の教養が必要だと結論づけていた。他の分野と同じく、この場合の皇帝は市民的な考え方に従ったのだろうか。この問いに事実に即しては答えられないが、金印勅書の中の選帝侯教育のためのこの野心的な条項が実践的に効果がなかったことは確認できる。神聖ローマ帝国も含めて諸侯たちは学識ある腹心の助言を好んで、ますます利用したし、その子供たちを、「統治術」を習得させる目的で、「諸侯の鑑」の理論的な模範に合わせて教育させた。しかし明らかに、より実用性と結びついた、特に、よりいっそう自己による知識は問題にならなかった。

貴族の家では基本的に諸侯の宮廷に似て、その初歩において学識ある、一貫して行動に関連づけられた知識が家庭教師を通して仲介されたのであろう。しかし伝承によるその証拠は、貴族・宮廷的、騎士的な行動の仲介に関してと同様、極めて少ない。知識仲介は身分的社会化の枠内で地位的な価値を持っていたが、個々の例についてはまだ十分に知られていない。

必然的に、諸侯、ないし貴族の教育は、学識ある教養知識と、実践的な行動知識の両方の要素から同程度に成り立っていた。学識ある知識は、聖職者的環境で成立した伝統と規範からの要約を手掛かりにして教えられた。初歩的な教養、読み書き能力は中世後期の貴族の広い範囲にわたって、前提とされていた。貴族に読み書き能力がなかったという仮定は、今日もう成立しない。私信を書くこと、宮廷文書の発表を自分で理解できること、それは中世後期の多くの貴族にとって間違いなく周知のことだった。

基本的に、聖職者共同体の関係者や都市市民の場合と同じく、貴族の教育は二つのグループ、つまり文字による教育と、身分にふさわしい、時代に合った行動様式を身につける社会化から成っていた。教団関係者にとって、必要なものはその規則から解明されるのに対して、都会的、及び貴族的な文化はその行動規範に照らして、ほとんどもっぱら口頭に拠っている。人々は昔から為すべきことは知っていて、それを記述はしなかった。つまり、それは知られていることで、世代間で引き継がれるものであるから、そして、身内のものという性格を帯びていたからである。そこに属していない人は、属している人たちを結びつけているものを知るべきではないし、知ることができないのである。

こういうやり方は、特に都市の手工業者の場合に知られている。少なくとも、商品の生産と販売の責任を自分個人で負わねばならず、ツンフトに組み込まれている手工業の親方にとって、読み書き能力は、確実な数学的基礎知識とまったく同じに、前提にされ得る。ツンフトという組織にはあらゆる種類の法令と規律が文書で保管されていた。ツンフトと手工業の社会的組織化についてはそれゆえ実に多くの伝承が残されていたが、手工業の技術については、事実上、皆無だった。そういう技術は口頭で教えられ、親方から徒弟へと引き継がれたのだ。たとえば武器や武具の生産に関わった者など、ツンフトの中には修業を終えた関係者に、自分の都市を出るのを禁じた所もあった。あらゆる場合において、厳格な守秘義務が支配していた。手工業技術がどうやって習得され、どうやって実行されたか、誰も知ってはならなかった。

貴族の、ないしは宮廷での振る舞いに関する規則も、明らかにほぼ同様の扱いだった。それは口頭で教えられ、練習を通して習得された。そこに含まれたのは、乗馬、弓術、フェンシング、その他、たとえば水泳などのスポーツ能力だった。肉体的能力と軍事的戦闘準備は身分的な排他性と同様、その点でこそ顕示された。そういう能力は貴族にこそ期待され、その他の社会グループには逆に禁じられたのだ。

行動と結びついた知識内容のそういう排他性の例として、常に、猛禽を使った交尾期狩りが昔からキリスト教文化の中だけでなく、社会的な高位性の表現、宮廷のスポーツと見なされた。主人の腕に乗る飼い慣らされた猛禽は宮廷文化の象徴に、若者の腕に乗ったそれは貴族教育の象徴的表現になった。口頭で仲介され、実践で教え込まれ、慣らされて、狩りは文書の形の証拠でも残された。貴族的な教育、貴族・宮廷的な行動の規則は、学識ある伝統と文書で伝えられた知識を決して排除しなかった。しかし彼らにとって模範となったのは、ある行動を実行するに当っての、その顕示的な応用であった。同じ規則の知識を使いこなしている人たちはお互いに難なく付き合えたし、認識し合えた。逆にその他の者に対しては、彼らの世界は閉鎖的だった。

たとえ難しくても、担い手の施設内での修道院学校と大聖堂参事会学校の場所についての詳細を述べると、間違いなく、そこでのみ学識ある知識の仲介が行われたことが確認できる。すでに都市的文化の範囲内では、これに対して、教会および市立学校の外で、そのかなりの部分が、教師の家であれ、親の家に来る家庭教師を通してであれ、家庭教師が求められることになる。それに対して貴族にとっては、公式に行ける学校に通うのではなく、もともと自分の家での個人教授が通例だった。もっともこれは記録で証明するのはなかなか難しい。

貴族は、身分にふさわしく、かつ、身分的・宮廷的社会の期待の範囲内で行動すべく、どんな行動知識をマスターせねばならなかったか。諸侯にとってと同様、貴族にも一般に理想的イメージがあった。キリスト教の騎士という、宮廷的、あるいは貴族的文化のそれである。このイメージも基本的に聖職者の生活の規律や都市的・都会的付き合い方と変わらず、知識内容と行動知識と解され、習得された。「戦いの技術を越えた宮廷的教養を持っていることも、騎士のイメージに含まれた（ヴェルナー・パラヴィチーニ）」。聖職者や市民の場合と同じく、個人の教育は、その個人を身分に固有の、集団としての知識の共有へと導いた。

家庭的、身分的社会化においてこの学習過程が経過した。それは自己訓練、道徳的規範、節制、優しさ、気前良さ、を包括していた。本来、教会を通して伝承された価値もそれとともに求められた。四つの枢要徳がそれで、賢明、正義、強さ、安定または抑制である。それはいつも聖俗両方の人々の神意にかなう生活の方向性であった。

貴族教育の範囲内で、この知識内容はもはや静的ではなく、ダイナミックに、状況に合わせて理解された。学習された規範としての規則の知識ではなく、それを日常の生活場面で的確に応用することが大切であった。非常に純化された形式でこのイメージは、テーブルマナー、挨拶、歓送迎の儀式、その他多くの場合の秩序に、繰り返し現れた。

最後に、的確な使い方の、高貴な言葉のレパートリーを持っていることがこれに加わった。特に宮廷的なフランス語、少ないが学識あるラテン語による外国語の影響下で、そして状況に合った、周りから好かれる「ウィット」とともにそうなった。そういう言葉から、社会的に排他性のある主張を持った、自分たちのアイデンティティーを打ち立てるような「集団語」が発達した。抒情詩、叙事詩、散文による宮廷文学がこの言語に永続的な性格を与えた。アーサー王のようなキリスト教の騎士の理想像が、習得された規範の文学的な濃密化となって現れた。宮廷社会における共同体的な朗読会を通して、こういう規範の集団的な記憶が確認され、活性化された。貴族文化は一方ではその集団メンバーの知識であり、その限りにおいて「内密」なものであるのに対して、他方ではそれは表象的な自己表現を、そしてその限りにおいて公的な効果を狙っていたのだ。

都会文化にとって文書性が大きな、ますます増大する役割を演じたのに対して、象徴的な表象の表現形式を巡って補完され、貴族的・宮廷的な文化ではまったく逆の状況になった。イメージ的・表象的な、そして象徴的な表現形式が中心になり、文書性と文字性の要素を巡って補完されたのだ。

土地ごとに、国ごとにあらゆる違いはあっても、貴族文化のこういう発展はヨーロッパで一般にみられた。百年戦争の当事者、フランスとイングランドさえ、いや、それらこそが宮廷文化と貴族文化の共通性を通して、同じ知識内容の共有を通して、現実の政治的なすべての葛藤を越えて、互いに結び付いたのだ。それは「現実の国際的な共同体」（フィリップ・コンタミーヌ）を形成した。まさに国境を越えた、国際的な接触において、戦争においても平和においても同様に、貴族のコミュニケーションの、そしてそれとともに、伝承された身分的知識との付き合いの様々な形式が発展したのだ。宮廷の祝祭、武芸試合、あらゆる種類の祭り、さらには戦争行為自体が演出のための多様な舞台を提供した。政治的なコミュニケーションとは共通の知識レパートリーの表現であった。

中世後期においてますます、市民的・都市的な文化と、貴族的・宮廷的な文化にとって規範となる様々な知識内容が互いに交錯した。

市民がますます聖職者と共有したもの、諸侯の宮廷で求められたもの、まさに大学的な知識である学識的な知識が将来の方向性を指示した。逆に、口頭に基づくもの、社会的排他性を当てにした貴族の知識は後退した。以前は当然のこととして前提され、成功裏に取り立てられたのだが、ますます分化される社会において貴族が享受してきた社会的優位という一般からの認証は、姿を消してしまった。

機能的な意味喪失に対して、変化した戦争技術、または学識ある管理実践の優位を通しても、引き続き、生来のエリートとしての、貴族から求められる地位が対峙した。学識ある知識、特に法学の担い手として優れているという意識の下で、裕福な市民は貴族の生活様式を模倣しようとした。時に貴族文化はそれに対して、ますます従来の形式の社会的な排他性に固執することで反応した。儀式化された硬直化がその結果になり得た。たとえば、もはや軍事戦略的に無意味になってしまい、今や単に昔の貴族の生活様式の表現に過ぎない武芸試合がそうであったように。しかしそういう意味の喪失は総じて貴族の存在価値消滅を暗示した。逆に貴族の中には、社会的・身分的な資格を業績に関わる格づけで補完することにより、また、自ら学識ある知識を獲得し、宮廷仕えでライバルとしての教養ある市民に対抗することで、社会的地位を得るチャンスを摑む者もいた。

こういう緊張という印象の下で、貴族的・宮廷的世界の知識内容はさらに発展した。そして一四、一五世紀の混乱を極める時代のいくつかの状況は、その実践的な意義にとっては好都合だった。一二世紀以降、貴族世界のイコノグラフィーの専門家として紋章官が生まれた。その技術、紋章学が、中世後期の王朝間の国際的なねじれ合い、政治的・軍事的戦いの様々な局面で求められたのだ。貴族や諸侯の分相応の顕示的な自己表現を巡る、あるいは戦死者の帰属を巡る信頼できる知識が大きな価値を持っていたのだ。外交上の課題、あるいは宮廷による処置が正しい形式で行われているかが問題になると、紋章官が呼ばれた。ひとつの独立した文学形式が成立した。紋章官文学である。

元来が口承的あるいは造形芸術的に伝えられてきた貴族的知識の伝統は紋章学において文書化され、紋章官という機能において一種のプロ化を体験した。別の観点からはそれは市民的教養による知識の特徴とされたのだが。同時に、紋章学的知識は貴族の一般教養に数えられた。彼らは建物を好んで紋章で飾り立て、その旅路のあちこちに紋章を落書きして残した。同じ身分の者なら当然その徴《しるし》を理解できるだろう、というところから彼らはそんなことをしたのだ。

貴族の生活様式を同じ形で実行することがその形式の担い手たちを再びまとめることに繫がった。諸侯の宮廷、騎士や貴族の特別な団体などあらゆる場所での偶然の出会いで。そういう団体のうち、神聖ローマ帝国の各地にほぼ百種のものがあった。学者や聖職者の文化の発展においてその仲介のためのいくつかの場所やセンターが形成されたように、それはそういう貴族組織の中心地建設に繫がった。特にドイツの南西部、ラインラント、フランケン地方、シュヴァーベン地方、つまり帝国の古い中心部と、強力な領邦君主の権力が乱立している地方で、こういう貴族文化の中心地がいくつも生まれた。

同じ規則を一緒に身につけ、実行することで、教団やその他の団体のメンバーは内へ向けては集団としてのアイデンティティーを、外へ向けては社会的な差異を強化した。服装、身につけている物などのさらなる標章も加わった。その象徴性は自己説明的なものではなかったが、人々はそれを理解できたに違いない。その表象によって、互いに関係している人々が相手を認識し合った。貴族文化の同じ知識内容を共有していたからである。市民的な仲間関係や大学と同様、貴族の組織が団体としての形式を生みだした。それゆえそれは団体あるいは兄弟会を自称し、入会の誓い、独自の規約制定、職員による管理、内部対立を調節する様々な形式、仲裁手続き、対立相手に対抗する共同体としての自己認識を持っていた。貴族の団体も他のどこよりもスタッフによる共同体であり、それは自由意思に基づき、地域的な活動範囲内で集結していた。形式化を通して、これもまた機関化の萌芽を経験した。それは伝統的な貴族文化よりむしろ、「現代的」な市民文化、さらには自己組織化という新しい大学的形式に近かった。

独自の知識文化の代表者として貴族はつまり、固陋な保存だけでなく、新しい要請に対するフレキシブルな対応能力も持っていた。しかし、別の道が通ってしまった。初期近代への移行期における帝国史の標準的な権力としての領邦諸侯は、自身の文化的伝統に対する貴族のそういう感受性能力を、己の利益に利用できたのだ。仲間意識による貴族の団体に対して諸侯は宮廷団体を対峙させた。やはり兄弟会や共同体と呼ばれ、お上によって設立され、組織化され、正当化されていた。支配家系の伝来の習慣により領主がその団体の長だった。組織形態に至るまで貴族の団体に極めてよく似ており、宮廷団体では

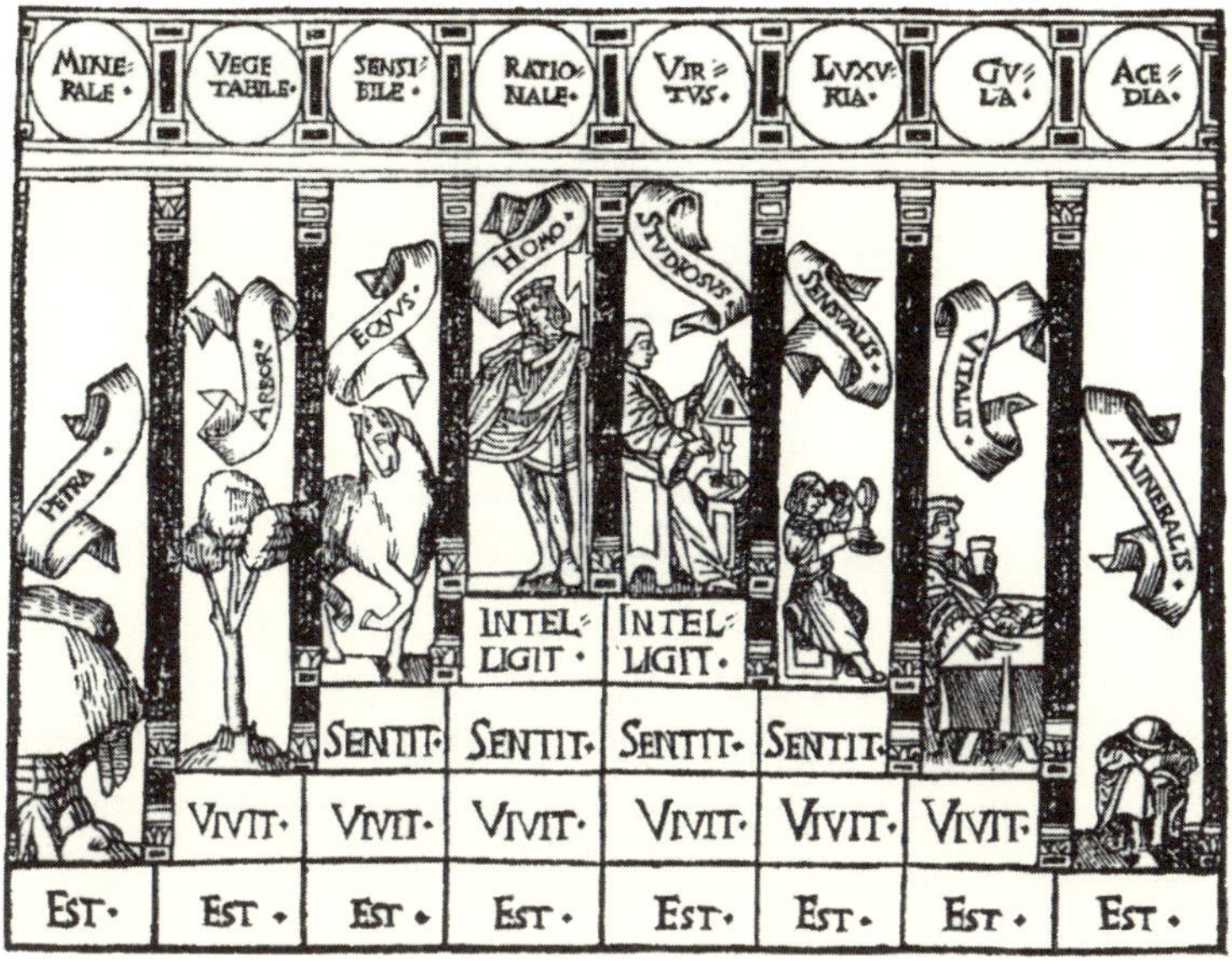

自然の秩序における人間形成の各段階．最上段に存在，人生，感受性，理解力を束ねる人．次に理性と徳．カロルス・ボウィルスの木版画，『知恵の書』，1509 年，パリ 1510/1511 による版．

あらゆる高位の到達点としての君主とその意志に対する忠誠心が支配的だった。その結果、宮廷団体は地域的に組織されたのではなく、その中心はそれぞれの君主の宮廷にあった。そこには、領邦君主による土地在住貴族からの皇帝直属権剝奪の初期形態に勝るとも劣らぬものがあった。領主たちにとっては、貴族の地域的、文化的なアイデンティティーの強化ではなく、逆に単に、自己に都合のよい目的の手段化が問題になり得た。この過程は貴族が宮廷に目を向け、そこでしばしば積極的に、自分達の存在意義を発揮しようとした、その気持ちから大いに利益を得た。貴族文化と宮廷文化、その知識内容はそのことによって分離した。旧来からの事情と、領邦君主たちの権力政治的な優位のプレッシャーの下でのことだった。

貴族的伝統の知識は権力に屈せねばならなかった。そしてその後ずっとそこで使われることになった。他にどう使われたか。権力は、大学的、ほとんど市民的学識とその多くの機能的な分野を優先すべく決断したのだ。領邦君主たちは依然として、自分達が排他的権利に関してお蔭を被っているその宮廷的・貴族的伝統の一部であることを自覚していた。事実上の権力の、社会的に有効な支配権の主要な知識内容が以前にまして強力に並列して登場した。

新しい発展との結び付きを維持したかった貴族は、学識ある、しかししっかりと実用を志向した、法的、管理的知識として「現代的」な支配のための知識の一部となった、そういう知識の助けによってのみ、それができた。それは、都会的文化の機能的、実践的知識を持つ宗教的伝統の学識ある教養知識を伴っていた。

あとがき　知識社会における教養、知識、権力

将来を見通す力のある知識とは、宮廷世界にとって、有用性と結びついた知識であり、身分的な顕示、国境を越えたコミュニケーション、支配行為の正当性に同等に関連づけられた、それまでに修得された認識のレパートリーであった。教養とはそのような知識内容を使いこなせることであり、その限りにおいて実践的な技術と理論的な学識を結びつけるものだった。

教養とは今日に至るまで学識であり同時に実践関連である。そのいずれか一方だけでは独りよがりであり、社会からの正当な有用性の要請に応えていない。教養とは同時に各部分の寄せ合わせ以上のものである。理想像においては教養とは人間を倫理的に、責任を持って、目的に合わせて、有益に行動させるものである。教養ある人間はだからヒューマニズムの側に立つ。そこではあらゆる身分の教養ある代表者たちが自己を再発見し、身分秩序の境界を、その時代の知識の担い手たちの共同性のために克服する。中世末において、当時の知識内容との関わりはすでにそのように見られていたし、そういう関わり方は、振り返ってみて、現代に対する中世の遺産と解されよう。

一五〇〇年ころのあるインキュナブラ（揺籃期本）は、上昇・下降の人生段階の図式に合わせて、知識のヒエラルヒーを示している。人間の発展の頂上に身分をあらわす人物がいる。理性を代表する貴族、同じ高さに市民、または聖職の学者、徳を表す学生。

教養人、学者、実務家は「知識ある人」として、未来を知識を通して守った社会の側に立っている。

保存され、書き継がれた伝統と目前の要求の間での独自の知識保持との多様なつきあいにおいて、そして、知識発生とその仲介は常に教師と生徒との人間的な共同体においてのみ成功するという確認において、そうしているのである。「巨人の肩の上の小人」の知識伝達を通して未来を志向する社会は知識社会と呼ばれる資格がある。

中世における教養の歴史は現代を前にした知識社会の歴史である。それは、権力の一要素に、そして自分が権力になるためには権力に批判的に接近することを恥じない社会（団体）的知識の歴史である。その間ずっと権力掌握は二義的だった。それはまず支配と社会的力関係の事実上の貫徹力を意味する。その力は知識を要求し、必要とし、奨励し、支持しあるいは拒否し、妨げ、削減することができる。中世の王や君主はこの点で現代の統治の長や所管大臣とほとんど変わらない。しかし権力掌握は知識を定義する力をも意味する。その力は自然の諸力と人間の諸秩序を理解し、それをそういう理解を通して意味づけ、説明し、さらにはそれに影響を与えたり、変更を加えたり、それを手なずけたりするのを許すのだ。

いつの時代も支配の権力は知識の力を自分のために利用しようとした。批判的な公開性はいつも、こういう権力の要請に対抗して、両側のために先導的だった。それを拒否したり無批判に仕えたりするのは無意味と無効に繋がり、無知なるものの権力を強めるに違いない。

訳者あとがき

本書は左記の全訳である。

“Wissen wird Macht — Bildung im Mittelalter” von Martin Kintzinger, Jan Thorbecke Verlag der Schwabenverlag AG, 2003.

ただし、原著の一〇〇〜一〇一ページ、本訳書では一一五ページの次に入るべき「ヨーロッパ地図」は割愛したことをお断りしておく。著者が引用した原図はおそらく色分けされていたものと思われるが、原著ではモノクロとなっているため、地名表記や凡例と対応する区分けがあまりに煩雑・不鮮明であり、本文との直接的な関わりもないと判断したからである。

原著の表題“Wissen wird Macht”（知は力となる）は“Wissen ist Macht”（知は力なり）というドイツ語の常套句を少しひねったものである。つまり本書は、ヨーロッパ中世・近代において知が力（権力）となる「過程」を考察したものである。

ある意味で、古今東西、いかなる権力も「統治」のためには必ずなんらかの「知識」を必要とした。ある地域において誰かが、主として武力で権力を掌握しても、それを維持、拡大するためには、様々な「記録」と「制度」が不可欠の要素だったのだ。そうでなければ権力樹立に貢献した武官は浮かばれないし、それを維持すべき文官の立場も成立し得ない。

たとえば、中世後期、当時のヨーロッパ諸国から、まさに未開人、狂気の軍団としか想像されなかったモンゴル帝国、たとえそれが仮に、実際にヨーロッパ各地で暴虐と殺戮を繰り返したにせよ、それでも、帝国として成立、存続するために、彼らは極めて精緻な貨幣・経済制度、軍事制度、今日からみてもある種の模範とされるほどの通信網、それらを総合した統治体制を持っていた。そのために、本書でもしばしば言及される、出来事、制度の「文書化」が不可欠なことは言うまでもない。その上で、独自の文化を形成していたのである。

統治のために知識が不可欠であっても、もちろん、すべての知識が統治を目的としている訳ではない。本書では「教養知識」と「実践知識」に分けられる。

中世のヨーロッパを支配していた知識の多くは、キリスト教と密接な関係にある。かつ、現代ではヨーロッパ人の多くが、自分たちの文化の源は古代ギリシャ文明にあると思っている。しかし、当然のことながら、古代ギリシャ文明はキリスト教とは無縁である。キリスト教との関係は古代ローマ帝国以降である。古代ギリシャ文明そのものは、むしろアラブ世界に保存、蓄積されていた。当然のことながら、ギリシャ語からアラビア語に翻訳されて。ヨーロッパにとっては長い断絶の後にギリシャ文明がまた到来したのだが、その際、今度はアラビア語からラテン語への翻訳が重要な役割を果たした。今日のイタリアのパレルモ、スペインのトレドなどにかつてあった「文化センター」が想起される。

中でも重視されたのがアリストテレスであった。哲学としてはもちろん、政治学、論理学、博物学の祖である。キリスト教神学、スコラ哲学が中世ヨーロッパにとって「教養知識」であったのに対して、アリストテレス学は「実践知識」でもあった。「知識」が宗教施設関係だけでなく、各地に創立された大学の誕生と結びつく中で、そういう関係も、本書において詳細に論じられている。最後の章では、市民階級が「教養知識」を得ることが、やはり彼らにとってのステータスシンボル、それが取りも直さず「力」となる過程が描かれる。

現代の知識において、たとえば大学との関連で、「文系」「理系」という違いが話題になるが、その違いそのものは本書ではあまり論じられない。中世を対象にしているから、もちろん現代的な理系文化が未発達、ということもあるが、知識そのものが、教養知識も含めてそもそも始めから「利用」されることを目的としているという前提があるからである。

そういう意味では、現代の日本の状況に照らしてみるなら、いわゆる官僚主導から政治主導へ、という話題の方が、本書との関連が深いと思われる。知識がどのように形成され、どのように利用され、そして世の中を動かす力、あるいは権力になるのか、本書はそれを描いている。

いつものことながら、翻訳出版に当たり、法政大学出版局編集部の秋田公士さんに大変お世話になった。記してお礼申し上げたい。

二〇一〇年九月二八日

井本晌二

著　者

マルティン・キンツィンガー
(Martin Kintzinger)

1959年，ドイツ，ヘッセン州に生まれる．ブラウンシュヴァイク大学で史学を学ぶ．1997年，ベルリン自由大学で中世史学の教授資格を得る．ミュンヒェン大学教授などを経て，2002年からミュンスター大学史学科教授．本書の他に『中世フランス・ドイツにおけるカール大帝の遺産』(2005年) などの著書がある．

訳　者

井本晌二（いもと しょうじ）

1943年に生まれる．東京大学文学部独文学科卒業．東京都立大学大学院修士課程（独文学専攻）修了．元・横浜国立大学教育人間科学部教授．訳書に，H. C. シャーパー『西洋音楽史・上下』，O. E. ドイッチュ他編『モーツァルトの生涯』(以上，シンフォニア社)，共訳に，W. ハルトゥング『中世の旅芸人』，F. ライヒェルト『世界の体験』，N. オーラー『巡礼の文化史』，N. エリアス『時間について』，N. ビショッフ『エディプスの謎・下』(以上，法政大学出版局)，O. ボルスト『中世ヨーロッパ生活誌・上下』(白水社)，A. ボルスト『中世の巷にて』(平凡社) などがある．

鈴木麻衣子（すずき まいこ）

1979年に生まれる．横浜国立大学教育人間科学部国際共生社会課程卒業．同大学大学院教育学研究科修士課程言語文化教育専攻修了．共訳に，W. ハルトゥング『中世の旅芸人』，F. ライヒェルト『世界の体験』(以上，法政大学出版局) がある．

《叢書・ウニベルシタス　946》
中世の知識と権力
——知は力となる

2010年11月17日　初版第1刷発行

マルティン・キンツィンガー
井本晌二／鈴木麻衣子訳
発行所　財団法人　法政大学出版局
〒102-0073 東京都千代田区九段北3-2-7
電話03(5214)5540 振替00160-6-95814
組版：HUP　印刷：平文社　製本：ベル製本

Printed in Japan

ISBN 978-4-588-00946-4

索　引

ア　行

カ　行

ハ　行

マ　行

ヤ　行

ラ　行

ワ　行

参考文献

799. Karl der Große und Papst Leo III. in Paderborn. Kunst und Kultur der Karolingerzeit, 1.–3., Paderborn 1999.

Abaelard, Die Leidensgeschichte und der Briefwechsel mit Heloisa, hrsg. v. Eberhard Brost, Heidelberg [4]1979.

Angenendt, Arnold, Das Frühmittelalter. Die abendländische Christenheit von 400 bis 900, Stuttgart/Berlin/Köln 1990.

Arlinghaus, Franz Josef, Zwischen Notiz und Bilanz. Zur Eigendynamik des Schriftgebrauchs in der kaufmännischen Buchführung am Beispiel der Datini/di Berto-Handelsgesellschaft in Avignon (1367–1373) (Gesellschaft, Kultur und Schrift. Mediävistische Beiträge, 8), Frankfurt/M. 2000.

Arnold, Klaus, Familie – Kindheit – Jugend, in: Handbuch der deutschen Bildungsgeschichte, 1. 15. bis 17. Jahrhundert. Von der Renaissance und der Reformation bis zum Ende der Glaubenskämpfe, hrsg. v. Notker Hammerstein, August Buck, München 1996, S. 135–152.

Ars und scientia im Mittelalter und in der Frühen Neuzeit. Ergebnisse interdisziplinärer Forschung, Festschrift Georg Wieland, Tübingen 2002.

Artes im Mittelalter, hrsg. v. Ursula Schaefer, Berlin 1999.

Artisten und Philosophen. Wissenschafts- und Wirkungsgeschichte einer Fakultät vom 13. bis zum 19. Jahrhundert, hrsg. v. Rainer C. Schwinges (Veröffentlichungen der Gesellschaft für Universitäts- und Wissenschaftsgeschichte, 1), Basel 1999.

Assmann, Aleida, Arbeit am nationalen Gedächtnis. Eine kurze Geschichte der deutschen Bildungsidee, Frankfurt/M. 1993.

Attempto – oder wie stiftet man eine Universität? Die Universitätsgründungen der sogenannten zweiten Gründungswelle im Vergleich, hrsg. v. Sönke Lorenz (Contubernium, 50), Stuttgart 1999.

Aufklärung im Mittelalter? Die Verurteilung von 1277. Das Dokument des Bischofs von Paris, hrsg. v. Kurt Flasch (excerpta classica, 6), Mainz 1989.

Becher, Matthias, Karl der Große, München ²2000.

Beiträge zu Problemen deutscher Universitätsgründungen des 15. Jahrhunderts, hrsg. v. Peter Baumgart, Notker Hammerstein (Wolfenbütteler Forschungen, 4), Nendeln 1978.

Bernhard, Michael, Boethius im mittelalterlichen Schulunterricht, in: Schule und Schüler, S. 11–27.

Bernward von Hildesheim und das Zeitalter der Ottonen, Katalog der Ausstellung, 1.2., Hildesheim 1993.

Black, Robert, Humanism and education in Medieval and Renaissance Italy. Tradition and innovation in latin schools from the twelfth to the fifteenth century, Cambridge 2001.

Bodemann, Ulrike, Dabrowski, Christoph, Handschriften der Ulmer Lateinschule. Überlieferungsbefund und Interpretationsansätze, in: Schulliteratur im späten Mittelalter, S. 11–47.

Bollenbeck, Georg, Bildung und Kultur. Glanz und Elend eines deutschen Deutungsmusters, Frankfurt/M./Leipzig 1994.

Boockmann, Hartmut, Wissen und Widerstand. Geschichte der deutschen Universität, Berlin 1999.

Borgolte, Michael, Europa entdeckt seine Vielfalt. 1050–1250 (Handbuch der Geschichte Europas, 3), Stuttgart 2002.

Bourdieu, Pierre, Praktische Vernunft. Zur Theorie des Handelns, Paris 1994, Frankfurt/M. 1998.

Bourdieu, Pierre, Sozialer Sinn. Kritik der theoretischen Vernunft, Paris 1980, Frankfurt/M. 1987, 1993, S. 241–243.

Brennig, Heribert R., Der Kaufmann im Mittelalter. Literatur – Wirtschaft – Gesellschaft (Bibliothek der Historischen Forschung, 5), Pfaffenweiler 1993.

Brunner, Otto, Land und Herrschaft. Grundfragen der territorialen Verfassungsgeschichte Österreichs im Mittelalter, Wien ⁵1965, ND Darmstadt 1984.

Bumke, Joachim, Mäzene im Mittelalter. Die Gönner und Auftraggeber der höfischen Literatur im Deutschland. 1150–1300, München 1979.

Butzbach, Johannes, Odeporicon. Eine Autobiographie aus dem Jahre 1506, Weinheim 1991.

Cardini, Franco, Fumagalli Beonio-Brocchieri, M. T., Universitäten im Mittelalter. Die europäischen Stätten des Wissens, Mailand 1991.

Cassirer, Ernst, Individuum und Kosmos in der Philosophie der Renaissance, 1927, ND Darmstadt 1987.

Contamine, Philippe, La guerre de Cent Ans. France et Angleterre, Paris ²1994.

Dacre, Boulton, D'Arcy Jonathan, The knights of the crown. The monarchial orders of knighthood in later medieval Europe. 1325–1520, Woodbridge 1987.

Daniel, Ute, Kompendium Kulturgeschichte. Theorie, Praxis, Schlüsselwörter, Frankfurt/M. 2001, S. 361–379.

Davies, Jonathan, Florence and its university during the early Renaissance (Education and society in the Middle Ages and Renaissance, 8), Leiden/Boston/Köln 1998.

Dekker, Elly, Lippincott, Kristen, The scientific instruments in Holbein's Ambassadors. A re-examination, in: Journal of the Warburg and Courtauld Institutes 62 (1999), S. 93–125.

Desportes, Pierre, Les Chanoines de la Cathédrale de Reims (1200–1500), in: Revue d'histoire de l'église de France 215 (1999), S. 247–274.

Dronke, Peter, William of Conches and the »New Aristotle«, in: Studi medievali 43 (2002), S. 157–163.

Ehlers, Joachim, Das Augustinerchorherrenstift St. Viktor in der Pariser Schul- und Studienlandschaft des 12. Jahrhunderts, in: Aufbruch – Wandel – Erneuerung. Beiträge zur »Renaissance« des 12. Jahrhunderts, hrsg. v. Georg J. Wieland, Stuttgart 1995, S. 100–122.

Ehlers, Joachim, Deutsche Scholaren in Frankreich während des 12. Jahrhunderts, in: Schulen und Studium im sozialen Wandel des hohen und späten Mittelalters, hrsg. v. Johannes Fried (Vorträge und Forschungen, 30), Sigmaringen 1986, S. 97–120.

Ehlers, Joachim, Dom- und Klosterschulen in Deutschland und Frankreich im 10. und 11. Jahrhundert, in: Schule und Schüler, S. 29–52.

Ehlers, Joachim, Die hohen Schulen, in: Die Renaissance der Wissenschaften, S. 57–85.

Ehlers, Joachim, Philipp II. (1180–1223), in: Die französischen Könige des Mittelalters. Von Odo bis Karl VIII. 888–1498, hrsg. v. Joachim Ehlers, Heribert Müller, Bernd Schneidmüller, München 1996, S. 155–167.

Ekkehard IV., St. Galler Klostergeschichte, bearb. v. Hans F. Haefele (Ausgewählte Quellen zur deutschen Geschichte des Mittelalters, 10), Darmstadt 1980.

Endres, Rudolf, Handwerk – Berufsbildung, in: Handbuch der deutschen Bildungsgeschichte, 1. 15. bis 17. Jahrhundert. Von der Renaissance und der Reformation bis zum Ende der Glaubenskämpfe, hrsg. v. Notker Hammerstein, August Buck, München 1996, S. 375–424.

Ennen, Edith, Die europäische Stadt des Mittelalters, Göttingen ^{4}1987.

Erziehung und Bildung bei Hofe. 7. Symposium der Residenzen-Kommission der Akademie der Wissenschaften in Göttingen, hrsg. v. Werner Paravicini, Jörg Wettlaufer (Residenzenforschung, 13), Stuttgart 2002.

Erziehung und Unterricht im Mittelalter. Ausgewählte pädagogische Quellentexte, hrsg. v. Eugen Schoeler, Paderborn ^{2}1965

Favier, Jean, Frankreich im Zeitalter der Lehnsherrschaft. 1000–1515 (Geschichte Frankreichs, 2), Stuttgart 1989.

Fees, Irmgard, Eine Stadt lernt schreiben. Venedig vom 10. bis zum 12. Jahrhundert (Bibliothek des Deutschen Historischen Instituts in Rom, 103), Tübingen 2002.

Ferrari, Monica, »Per non manchare in tuto del debito mio«. L'educazione dei bambini Sforza nel Quattrocento, Mailand 2000.

Fleckenstein, Josef, Die Hofkapelle der deutschen Könige (Schriften der MGH, 16/1.2.), 1.2., Stuttgart 1959, 1966.

Fögen, Marie Theres, Die Enteignung der Wahrsager. Studien zum kaiserlichen Wissensmonopol in der Spätantike, Frankfurt/M. 1993/1997.

Foucault, Michel, Archäologie des Wissens, Paris 1973, 1981, S. 258–262.

Fried, Johannes, Die Aktualität des Mittelalters. Gegen die Überheblichkeit unserer Wissensgesellschaft, Stuttgart ²2002.

Fried, Johannes, Aufstieg aus dem Untergang. Apokalyptisches Denken und die Entstehung der modernen Naturwissenschaft im Mittelalter, München 2001.

Fried, Johannes, Die Entstehung des Juristenstandes im 12. Jahrhundert. Zur sozialen Stellung und politischen Bedeutung gelehrter Juristen in Bologna und Modena (Forschungen zur neueren Privatrechtsgeschichte, 21), Köln/Wien 1974.

Fuhrmann, Manfred, Bildung. Europas kulturelle Identität, Stuttgart 2002.

Gelehrte im Reich. Zur Sozial- und Wirkungsgeschichte akademischer Eliten des 14. bis 16. Jahrhunderts, hrsg. v. Rainer C. Schwinges (Zeitschrift für Historische Forschung, Beiheft 18), Berlin 1996.

Genet, Jean-Philippe, La mutation de l'éducation et la culture médiévales. Occident chrétien (XIIe siècle-milieu du XVe siècle), 1.2., Paris 1999.

Geschichte der Universität in Europa, hrsg. v. Walter Rüegg, 1. Mittelalter, München 1993.

Gilli, Patrik, Former, enseigner, éduquer dans l'Occident médiéval 1100–1450, 1.2., Paris 1999.

Goetz, Hans-Werner, Geschichtsschreibung und Geschichtsbewußtsein im hohen Mittelalter (Orbis mediaevalis, 1), Berlin 1999.

Hammerstein, Notker, Bildung und Wissenschaft vom 15. bis zum 17. Jahrhundert (Enzyklopädie deutscher Geschichte, 64), München 2003.

Hecht, Konrad, Der St. Galler Klosterplan, Wiesbaden 1997.

Hergemöller, Bernd-Ulrich, Pfaffenkriege im spätmittelaltlichen Hanseraum. Quellen und Studien zu Braunschweig, Osnabrück, Lüneburg und Rostock (Städteforschung, C, 1.2.), Köln/Wien 1988.

Holtz, Sabine, Schule und Reichsstadt. Bildungsangebote in der Freien Reichsstadt Esslingen am Ende des späten Mittelalters, in: Schule und Schüler, S. 441–468.

Irrgang, Stephanie, Peregrinatio academica. Wanderungen und Karrieren von Gelehrten der Universitäten Rostock, Greifswald, Trier und Mainz im 15. Jahrhundert (Beiträge zur Geschichte der Universität Greifswald, 4), Stuttgart 2002.

Isenmann, Eberhard, Die deutsche Stadt im Spätmittelalter. 1250–1500. Stadtgestalt, Recht, Stadtregiment, Kirche, Gesellschaft, Wirtschaft, Stuttgart 1988.

Kintzinger, Martin, Die Artisten im Streit der Fakultäten. Vom Nutzen der Wissenschaft zwischen Mittelalter und Moderne, in: Jahrbuch für Universitätsgeschichte 4 (2001), S. 177–194.

Kintzinger, Martin, Bildungsgeschichte in der Wissensgesellschaft? Historische Forschung zur Geschichte der Bildung und des Wissens im Mittelalter, in: Jahrbuch für Historische Bildungsforschung 6 (2000), S. 299–316.

Kintzinger, Martin, Das Bildungswesen in der Stadt Braunschweig im hohen und späten Mittelalter (Beihefte zum Archiv für Kulturgeschichte, 32), Köln/Wien 1990.

Kintzinger, Martin, Communicatio personarum in domo. Begriff und Verständnis einer Mitteilung von Wissen, Rat und Handlungsabsichten, in: Kommunikationspraxis und Korrespondenzwesen im Mittelalter und in der Renaissance, hrsg. v. Heinz-Dieter Heimann, Ivan Hlavácek, Paderborn usw. 1997, S. 13–164.

Kintzinger, Martin, Eruditus in Arte. Handwerk und Bildung im Mittelalter, in: Handwerk in Europa. Vom Spätmittelalter bis zur Frühen Neuzeit, hrsg. v. Knut Schulz (Schriften des Historischen Kollegs. Kolloquien, 41), München 1999, S. 155–187.

Kintzinger, Martin, Ratio fidei. Wege zum Wissen in den kirchlichen Institutionen des Mittelalters und ihre Rezeption in der Neuzeit, in: Kirche und Bildung vom Mittelalter bis zur Gegenwart, hrsg. v. Rudolf Schieffer (Generalversammlung der Görres-Gesellschaft in Eichstätt, 23. bis 27. September 2000, Beiträge der Sektion für Geschichte), München 2001, S. 9–23.

Kintzinger, Martin, Studens artium, Rector parochiae und Magister scolarum im Reich des 15. Jahrhunderts. Studium und Versorgungschancen der Artisten zwischen Kirche und Gesellschaft, in: Zeitschrift für Historische Forschung 26 (1999), S. 1–41

Klaniczay, Gábor, Everyday life and elites in the later-middle ages: the civilised and the barbarian, in: The medieval world, hrsg. v. Peter Linehan, Janet L. Nelson, London/New York 2001, S. 671–690.

Das Kloster St. Gallen im Mittelalter. Die kulturelle Blüte vom 8. bis 12. Jahrhundert, hrsg. v. Peter Ochsenbein, Darmstadt 1999.

Kraack, Detlev, Monumentale Zeugnisse der spätmittelalterlichen Adelsreise. Inschriften und Graffiti des 14.–16. Jahrhunderts (Abhandlungen der Akademie der Wissenschaften in Göttingen, phil.-hist. Kl., dritte Folge, 224), Göttingen 1997.

Kreiker, Sebastian, Armut, Schule, Obrigkeit. Armenversorgung und Schulwesen in den evangelischen Kirchenordnungen des 16. Jahrhunderts (Religion in der Geschichte, 5), Bielefeld 1997.

Die Kunst der Disputation. Probleme der Rechtsauslegung und Rechtsanwendung im 13. und 14. Jahrhundert, hrsg. v. Manlio Bellomo (Schriften des Historischen Kollegs. Kolloquien, 38), München 1997.

Laienlektüre und Buchmarkt im späten Mittelalter, hrsg. v. Thomas Kock, Rita Schlusemann (Gesellschaft, Kultur und Schrift. Mediävistische Beiträge, 5), Frankfurt/M. 1997.

Laurioux, Bruno, Laurence Moulinier, Education et cultures dans l'Occident chrétien. De début du douzième au milieu du quinzième siècle, Paris 1998.

Lazzari, Loredana, Elementi di un »curriculum« composito in uso ad Abingdon nella prima metà dell'XI secolo, in: Studi medievali 41 (2000), S. 85–116.

LeGoff, Jacques, Die Intellektuellen im Mittelalter, Paris 1985.

Libera, Alain de, Foi et raison. Philosophie et religion selon Averroès et Thomas d'Aquin, in: Studi medievali 43 (2002), S. 833–856.

Libera, Alain de, Penser au Moyen Age, Paris 1991.

Link, Achim, Auf dem Weg zur Landesuniversität. Studien zur Herkunft spätmittelalterlicher Studenten am Beispiel Greifswald (1456–1524) (Beiträge zur Geschichte der Universität Greifswald, 1), Stuttgart 2000.

Lorenz, Sönke, Studium generale Erfordense. Zum Erfurter Schulleben im 13. und 14. Jahrhundert (Monographien zur Geschichte des Mittelalters, 34), Stuttgart 1989.

Luhmann, Niklas, Die Wissenschaft der Gesellschaft, Frankfurt/M. 1990, 1992.

Marchal, Guy P., Was war das weltliche Kanonikerinstitut im Mittelalter? Dom- und Kollegiatstifte: Eine Einführung und eine neue Perspektive, in: Revue d'histoire ecclésiastique 94 (1999), S. 761–807, 95 (2000), S. 7–53.

McKitterick, Rosamond, Die karolingische Renovatio. Eine Einführung, in: 799. Karl der Große und Papst Leo III., S. 668–685.

Medieval conduct, hrsg. v. Kathleen Ashley, Robert L. A. Clark (Medieval cultures, 29), Minneapolis 2001.

Mensching, Günther, Das Allgemeine und das Besondere. Der Ursprung des modernen Denkens im Mittelalter, Stuttgart 1992.

Metzger, Wolfgang, Handel und Handwerk, in: Lebensbilder des Mittelalters, Graz 2003.

Moraw, Peter, Stiftspfründen als Elemente des Bildungswesens im spätmittelalterlichen Reich, in: Studien zum weltlichen Kollegiatstift in Deutschland, hrsg. v. Irene Crusius (Veröffentlichungen des Max-Planck-Instituts für Geschichte, 114. Studien zur Germania Sacra, 18), Göttingen 1995, S. 270–297.

Mowbray, Malcolm de, 1277 and all that – students and disputations, in: Traditio 57 (2002), S. 217–238.

Neddermeyer, Uwe, Von der Handschrift zum gedruckten Buch. Schriftlichkeit und Leseinteresse im Mittelalter und in der frühen Neuzeit. Quantitative und qualitative Aspekte, 1.2. (Buchwissenschaftliche Beiträge aus dem Deutschen Bucharchiv München, 61), Wiesbaden 1998.

Nobilitas. Funktion und Repräsentation des Adels in Alteuropa, hrsg. v. Otto Gerhard Oexle, Werner Paravicini (Veröffentlichungen des Max-Planck-Instituts für Geschichte, 133), Göttingen 1997.

Opll, Ferdinand, Stadt und Reich im 12. Jahrhundert (1125–1190), Wien/Köln/Graz 1986.

Ortalli, Gherardo, L'insegnamento di base e l'invenzione della scuola laica, in: Chiesa et scola. Percorsi di storia dell'educazione tra XII et XX secolo, Siena 2000, S. 13–28.

Paravicini, Werner, Die ritterlich-höfische Kultur des Mittelalters (Enzyklopädie deutscher Geschichte, 32), München 1994.

Paul, Jacques, Culture et vie intellectuelle dans l'Occident médiéval. Textes et documents, Paris 1999.

Paul, Jacques, Histoire intellectuelle de l'Occident médiéval, Paris 1998.

Pedersen, Olaf, The first universities. Studium generale and the origins of university education in Europe, Oxford 1997.

Prinz, Friedrich, Askese und Kultur. Vor- und frühbenediktinisches Mönchtum an der Wiege Europas, München 1980.

Ranft, Andreas, Adelsgesellschaften. Gruppenbildung und Genossenschaft im spätmittelalterlichen Reich (Kieler Historische Studien, 38), Sigmaringen 1994.

Ranft, Andreas, Einer von Adel. Zu adligem Selbstverständnis und Krisenbewußtsein im 15. Jahrhundert, in: Historische Zeitschrift 263 (1996), S. 317–343.

Regionale Aspekte des frühen Schulwesens, hrsg. v. Ulrich Andermann, Kurt Andermann (Kraichtaler Kolloquien, 2), Tübingen 2000.

Reinle, Christine, Ulrich Riederer (ca. 1406–1462). Gelehrter Rat im Dienste Kaiser Friedrichs III. (Mannheimer Historische Forschungen, 2), Mannheim 1993.

Reitemeier, Arnd, Adels- und Prinzenerziehung im England des 14. und 15. Jahrhunderts, in: Erziehung und Bildung bei Hofe, S. 55–69.

Die Renaissance der Wissenschaften im 12. Jahrhundert, hrsg. v. Peter Weimar (Zürcher Hochschulforum, 2), München 1981.

Rexroth, Frank, Deutsche Universitätsstiftungen von Prag bis Köln. Die Intentionen des Stifters und die Wege und Chancen ihrer Verwirklichung im spätmittelalterlichen deutschen Territorialstaat (Beihefte zum Archiv für Kulturgeschichte, 34), Köln/Weimar/Wien 1992.

Rexroth, Frank, Städtisches Bürgertum und landesherrliche Universitätsstiftung in Wien und Freiburg, in: Stadt und Universität, S. 13–31.

Riché, Pierre, Ecoles et enseignements dans le Haut Moyen Age, Paris 1989.

Riché, Pierre, Les écoles et l'enseignement dans l'Occident chrétien de la fin du Ve siècle au milieu du XIe, Paris 1979.

Rippe, Klaus Peter, Darf die Ethik dem Wissenserwerb Grenzen setzen?, in: Die Zukunft des Wissens. 18. Deutscher Kongreß für Philosophie, hrsg. v. Jürgen Mittelstraß, Berlin 2000, S. 146–157.

Ritterorden und Adelsgesellschaften im spätmittelalterlichen Deutschland. Ein systematisches Verzeichnis, hrsg. v. Holger Kruse, Werner Paravicini, Andreas Ranft (Kieler Werkstücke, D, 1), Frankfurt/M. usw. 1991.

Röd, Wolfgang, Der Gott der reinen Vernunft. Die Auseinandersetzung um den ontologischen Gottesbeweis von Anselm bis Hegel, München 1992.

Rogalla von Bieberstein, Johannes, Adelsherrschaft und Adelskultur in Deutschland, Frankfurt/M. 1989.

Rohr, Christian, Festkultur, in: Lebensbilder des Mittelalters, Graz 2003.

Schaefer, Ursula, Zum Problem der Mündlichkeit, in: Modernes Mittelalter. Neue Bilder einer populären Epoche, hrsg. v. Joachim Heinzle, Frankfurt/M./Leipzig 1994, 1999, S. 357–375.

Schmutz, Jürg, Juristen für das Reich. Die deutschen Rechtsstudenten an der Universität Bologna 1265–1425 (Veröffentlichungen der Gesellschaft für Universitäts- und Wissenschaftsgeschichte, 2), Basel 2000.

Schubert, Ernst, Der Reichsepiskopat, in: Bernward von Hildesheim und das Zeitalter der Ottonen, Katalog. 1.2., Hildesheim/Mainz 1993, 1, S. 93–102

Schule und Schüler im Mittelalter. Beiträge zur europäischen Bildungsgeschichte des 9. bis 15. Jahrhunderts, hrsg. v. Martin Kintzinger, Sönke Lorenz, Michael Walter (Beihefte zum Archiv für Kulturgeschichte, 42), Köln/Weimar/Wien 1996.

Schulliteratur im späten Mittelalter, hrsg. v. Klaus Grubmüller (Münstersche Mittelalter-Schriften, 69), München 2000.

Schulz, Knut, »Denn sie lieben die Freiheit so sehr ...«. Kommunale Aufstände und Entstehung des europäischen Bürgertums im Hochmittelalter, Darmstadt 1992.

Schwemmer, Oswald, Wissenschaft zwischen Ratio, Ethik und Emotion, in: Die Wissenschaft und ihre Lehre, hrsg. v. Gottfried Magerl, Meinrad Peterlik, Helmut Rumpler (Wissenschaft, Bildung, Politik, 3), Wien/Köln/Weimar 1999, S. 3–23.

Schwinges, Rainer C., Deutsche Universitätsbesucher im 14. und 15. Jahrhundert. Studien zur Sozialgeschichte des Alten Reiches (Veröffentlichungen des Instituts für europäische Geschichte Mainz, 123), Stuttgart 1986, S. 197–374.

Schwinges, Rainer C., Pauperes an deutschen Universitäten des 15. Jahrhunderts, in: Zeitschrift für Historische Forschung 8 (1981), S. 285–309.

Schwinges, Rainer C., Sozialgeschichtliche Aspekte spätmittelalterlicher Studentenbursen, in: Schulen und Studium im sozialen Wandel des hohen und späten Mittelalters, hrsg. v. Johannes Fried (Vorträge und Forschungen, 30), Sigmaringen 1986, S. 527–564.

Seifert, Arno, Das höhere Schulwesen. Universitäten und Gymnasien, in: Handbuch der deutschen Bildungsgeschichte, 1. 15. bis 17. Jahrhundert. Von der Renaissance und der Reformation bis zum Ende der Glaubenskämpfe, hrsg. v. Notker Hammerstein, August Buck, München 1996, S. 197–344.

Southern, Richard William, Geistes- und Sozialgeschichte des Mittelalters. Das Abendland im 11. und 12. Jahrhundert, Stuttgart/Berlin/Köln/Mainz ^{2}1980.

Stadt und Universität, hrsg. v. Heinz Duchhardt (Städteforschung, A, 33), Köln/Weimar/Wien 1993.

Stammberger, Ralf M. W., Scriptor und Scriptorium, in: Lebensbilder des Mittelalters, Graz 2003.

Stand und Perspektiven der Mittelalterforschung am Ende des 20. Jahrhunderts, hrsg. v. Otto Gerhard Oexle (Göttinger Gespräche zur Geschichtswissenschaft, 2), Göttingen 1996.

Ständische Gesellschaft und soziale Mobilität, hrsg. v. Winfried Schulze (Schriften des Historischen Kollegs, Kolloquien, 12), München 1988.

Stätten des Geistes. Große Universitäten Europas von der Antike bis zur Gegenwart, hrsg. v. Alexander Demandt, Köln 1999.

Stehr, Nico, Wissenspolitik. Die Überwachung des Wissens, Frankfurt/M. 2003.

Stichweh, Rudolf, Der frühmoderne Staat und die europäische Universität. Zur Interaktion von Politik und Erziehungssystem im Prozeß ihrer Ausdifferenzierung (16.–18. Jahrhundert), Frankfurt/M. 1991.

Stichweh, Rudolf, Wissenschaft, Universität, Professionen. Soziologische Analysen, Frankfurt/M. 1994.

Tewes, Götz-Rüdiger, Die Bursen der Kölner Artisten-Fakultät bis zur Mitte des 16. Jahrhunderts (Studien zur Geschichte der Universität zu Köln, 13), Köln/Weimar/Wien 1993.

Trost, Vera, Skriptorium. Die Buchherstellung im Mittelalter, Stuttgart 1991.

Die Universität in Alteuropa, hrsg. v. Alexander Patschovsky, Horst Rabe (Konstanzer Bibliothek, 22), Konstanz 1994.

Vale, Malcolm, The princely court. Medieval courts and culture in North-West Europe. 1270–1380, Oxford 2001.

Vanderputten, Steven, Pourquoi les moines du moyen âge écrivaient-ils de l'histoire?, in: Studi medievali 42 (2001), S. 705–723.

Verger, Jacques, L'essor des universités au XIIIe siècle (Initiations au Moyen Age), Paris 1998.

Verger, Jacques, Les gens de savoir dans l'Europe de la fin du Moyen Age, Paris 1997.

Verger, Jacques, Grundlagen, in: Geschichte der Universität in Europa, 1. Mittelalter, hrsg. v. Walter Rüegg, München 1993, S. 49–80.

Vocabulaire des écoles et des méthodes d'enseignement au moyen âge, hrsg. v. Olga Weijers (Civicima, études sur le vocabulaire intellectuel du Moyen Age, 5), Turnhout 1992.

Vocabulary of teaching and research between Middle Ages and Renaissance, hrsg. v. Olga Weijers, Turnhout 1995.

Vulgariser la science: les encyclopédies médiévales, hrsg. v. Bernard Ribémont (Cahiers de recherches médiévales, XIIIe–XVe s., 6), Orléans 1999.

Walther, Helmut G., St. Victor und die Schulen in Paris vor der Entstehung der Universität, in: Schule und Schüler, S. 53–74.

Weber, Wolfgang E., Geschichte der europäischen Universität, Stuttgart 2002.

Die Welt des Lesens. Von der Schriftrolle zum Bildschirm, hrsg. v. Roger Chartier, Guglielmo Cavallo, Frankfurt/M./New York 1999.

Wenzel, Horst, Hören und Sehen, Schrift und Bild. Kultur und Gedächtnis im Mittelalter, München 1995.

Werner, Karl Ferdinand, Naissance de la noblesse. L'essor des élites politiques en Europe, Paris ^{2}1998.

Zahnd, Urs Martin, Die Bildungsverhältnisse in den bernischen Ratsgeschlechtern im ausgehenden Mittelalter. Verbreitung, Charakter und Funktion der Bildung in der politischen Führungsschicht einer spätmittelalterlichen Stadt, Bern 1979.

Zilsel, Edgar, Die sozialen Ursprünge der neuzeitlichen Wissenschaft, hrsg. v. Wolfgang Krohn, Frankfurt/M. 1976.

Zwischen »Haus« und »Staat«. Antike Höfe im Vergleich, hrsg. v. Aloys Winterling (Historische Zeitschrift. Beiheft N. F., 23), München 1997.